Marion Recknagel · Heike Rohmann-van Wüllen

Clever kommunizieren

Wir widmen dieses Buch all jenen, mit denen wir in der Vergangenheit schwierige Gesprächssituationen erleben durften. Sie haben ganz wesentlich dazu beigetragen, dass wir dieses Buch praxisorientiert schreiben konnten.

Marion Recknagel

Heike Rohmann-van Wüllen

Clever kommunizieren

Schwierige Gespräche
souverän meistern

Bibliografische Information der Deutschen Nationalbibliothek

Die Deutsche Nationalbibliothek verzeichnet diese Publikation
in der Deutschen Nationalbibliografie; detaillierte bibliografische
Daten sind im Internet über http://dnb.d-nb.de abrufbar.

ISBN 978-3-89749-734-4

Lektorat: Susanne von Ahn, Hasloh
Umschlaggestaltung: +malsy Kommunikation und Gestaltung, Willich
Umschlagfoto: Graham Bell/Corbis
Satz und Layout: Lohse Design, Büttelborn
Druck und Bindung: Salzland Druck, Staßfurt

www.gabal-verlag.de
www.gabal-shop.de
www.gabal-ist-ueberall.de

Inhaltsverzeichnis

1 Bevor es losgeht

„Das Geheimnis des Erfolges ist es,
den Standpunkt des anderen zu verstehen." HENRY FORD

Vielleicht kennen Sie das? Sie sprechen mit jemandem und ganz gleich, wie sehr Sie sich bemühen, Sie scheinen bei Ihrem Gegenüber nicht anzukommen. Sie sind sich sicher, rein sachlich alles richtig gemacht zu haben. Trotzdem reagiert Ihr Gesprächspartner irgendwie genervt. Oder aber er bringt Sie auf die Palme – vielleicht weil er nicht zuhört oder stur auf seiner Meinung beharrt? Manchmal wissen Sie schon vorher, dass Sie mit jemandem nicht klarkommen und die Kommunikation stockt von vornherein, bisweilen entsteht die Blockade erst im Gespräch.

Es passiert immer wieder, dass ein Gespräch auf der Sachebene nicht „läuft", weil Blockaden die Beziehungsebene stören und die Gesprächsbereitschaft einengen. Mit *Clever kommunizieren* wollen wir Sie bei problematischen Gesprächen unterstützen, indem wir versuchen, Antworten auf folgende Fragen zu geben:

Die Beziehungsebene dominiert die Sachebene

- Wie erkenne und meistere ich Gesprächsblockaden?
- Wie kann ich mit „schwierigen" Gesprächspartnern leichter und erfolgreicher umgehen?
- Welche Chancen ergeben sich eventuell sogar aus schwierigen Gesprächen?

Dieses Buch richtet sich an alle, die beruflich und/oder privat mit Personen zu tun haben, die sie als schwierig empfinden, und die sich einen entspannten, unverkrampften Umgang mit diesen Menschen wünschen. Dabei geht es sowohl um Störungen auf der Beziehungsebene, die eine längere Entwicklungsgeschichte haben, als auch um situationsbedingte Gesprächsblockaden, die oft spontan entstehen können.

Was heißt „Clever kommunizieren"?

Clever kommunizieren bietet das Handwerkszeug für zahlreiche Situationen, in denen Gespräche schwierig werden. Je besser wir mit Blockaden und Störungen umgehen können, desto weniger geraten wir unter Stress und desto souveräner können wir auch schwierige Kommunikationssituationen meistern. Das spielt eine besondere Rolle, wenn wir es mit für uns wichtigen Gesprächspartnern zu tun haben oder ein Konfliktgespräch führen müssen. Lesen Sie,

- wo die Gründe dafür liegen können, dass Gesprächsblockaden entstehen,
- wie Sie aktiv mit diesem Wissen umgehen und
- was Sie ganz konkret tun können, um Gespräche zukünftig stressfrei und erfolgreich zu führen.

Wir möchten Ihnen eine neue Sichtweise eröffnen und Sie einladen, mit eigenen Blockaden und denen des Gesprächspartners aktiv, gewinnbringend, entspannt und vielleicht sogar spielerisch umzugehen. Anfangen sollten Sie – wie so oft – bei sich selbst. Ansatzpunkt sind deshalb zunächst Ihre persönlichen Schwierigkeiten, die ein zielführendes Gespräch mit bestimmten Gesprächspartnern bisher verhindert oder erschwert haben. „Psychologisches" wird anhand von konkreten, leicht nachvollziehbaren Beispielen erläutert.

Nach außen und nach innen gerichtete Lösungsansätze

Das Hauptaugenmerk des Buches liegt darauf, das vermittelte Wissen nutzbar zu machen, um die eigene Kommunikation zu optimieren. Es geht darum, Ihre Handlungsfähigkeit zu erhalten und zu erweitern. Dazu bieten wir Ihnen in den einzelnen Kapiteln verschiedenste Lösungsansätze an. Dabei haben Sie grundsätzlich die Wahl zwischen

- *nach außen gerichteten Maßnahmen,* die darauf zielen, Ihr eigenes Gesprächsverhalten unabhängig vom inneren Gefühlszustand ganz bewusst gesprächsfördernd zu gestalten, und
- *nach innen gerichteten Maßnahmen,* die in der Regel dazu dienen, durch Selbstbeobachtung und Reflexion Ihre eigene Sichtweise langfristig zu objektivieren, also sinnvoll zu verändern.

Die nach innen gerichteten Maßnahmen führen infolge der Einstellungsänderung zu neuen Verhaltensweisen und wirken somit eher langfristig. Bei den nach außen gerichteten Ansätzen verhalten Sie sich kurzfristig situationsbezogen anders. Bei regelmäßiger Anwendung kann dies jedoch ebenfalls zu einer langfristigen Einstellungsänderung führen. Welcher Lösungsansatz in welcher Situation, bei welcher Gesprächsblockade und mit welchem Gesprächspartner für Sie der richtige ist, entscheiden Sie jeweils individuell.

Wie das Buch aufgebaut ist

Wir beginnen in Kapitel 2 mit allgemeinen Anmerkungen zu Kommunikationsstörungen und Hinweisen darauf, wie man sie beheben kann. In einer Umfrage haben wir eine „Hitliste der nervigsten Kommunikationsmuster" ermittelt, die Sie am Anfang von Kapitel 2 finden. Hier haben wir 15 Verhaltensweisen gesammelt, die die Befragten in Gesprächen immer wieder in Rage bringen – von „Der andere hört mir nicht zu" bis „Der Gesprächspartner kann mich nicht leiden", sortiert nach Häufigkeit. Aus diesen typischen Mustern sind die Überschriften der Kapitel entstanden. Jedes Kapitel beschreibt am Beispiel eines solchen „nervigen Musters" ein klassisches Element, das zu Kommunikationsstörungen beiträgt – von der selektiven Wahrnehmung bis zu Vorurteilen. Die Abbildung 1 auf Seite 18 visualisiert, welche Elemente bei der Entwicklung von Blockaden beteiligt sind. In den nachfolgenden Kapiteln steht jeweils eines dieser Elemente im Mittelpunkt.

Sie werden bald merken, dass in der menschlichen Kommunikation letztlich vieles miteinander verknüpft ist. Die Trennung in Einzelkapitel ist also idealtypisch. Bezüge und Wiederholungen lassen sich nicht vermeiden.

Zuerst die Theorie, dann die Praxis   Alle Kapitel gliedern sich in zwei Teile. Zuerst werden die Hintergründe der Elemente dargestellt, die zu Gesprächsblockaden führen können. Fakten und Theorien werden dabei mit Erfahrungen aus der Praxis und eigenem Erleben in konkreten Übungen verknüpft. Dieser Block dient der Analyse und Ursachenforschung und führt zu einem besseren Verständnis sowohl eigener wie fremder Reaktionen in Gesprächen.

Der zweite Abschnitt jedes Kapitels widmet sich dem konkreten Nutzen für den Leser und der Umsetzung in die Praxis. Hier erhalten Sie Tipps und Übungsangebote zum Umgang mit Gesprächsblockaden. Diese kennzeichnen wir, wenn sie nach außen gerichtet sind, mit einem (A), wenn sie nach innen gerichtet sind, mit einem (I).

Franz und Emil

Im weiteren Verlauf des Buches werden Sie immer wieder auf Franz und Emil stoßen. Franz und Emil sind Freunde. Emil hat dieses Buch bereits gelesen, und er beantwortet die Fragen, die sich Franz während des Lesens stellen.

Auf der Sachebene sind Franz und Emil schon Kommunikationsprofis, denn sie haben das Buch *Überzeugen ohne zu argumentieren* (GABAL, 2005) gelesen und wenden die Inhalte erfolgreich an. Als Franz nun dieses Buch bei Emil liegen sieht, fragt er, was das nun wieder soll, denn … Aber lesen Sie selbst:

Franz: *Sag mal, was ist denn das hier? „Clever kommunizieren?" … Ich dachte, wir wären schon Kommunikationsprofis?*

Emil: *Klar, sind wir auch, aber wie war das denn letztens mit dem Schulze?*

Franz: *Na ja, das lag ja nicht an mir, dass ich da nicht weitergekommen bin. Der hat ja total blockiert.*

Emil: *Genau.*

Franz: *Ach so, dann geht's wohl in diesem Buch darum, was ich machen kann, wenn Schulze, die Pfeife, mal wieder blockt?*

Emil: *Ja, und auch darum, wie bei dir selbst Gesprächsblockaden entstehen können.*

Franz: *Ja klar, weiß ich, wie bei mir Blockaden entstehen! Immer dann, wenn ich auf solche Idioten treffe! Da kann man doch nichts mehr tun!*

Emil: *Jaaa, das sagst du! Wer weiß, was der Schulze sagt … Fakt ist nämlich, dass die Menschen unterschiedliche Kommunikationsmuster nervig finden und auch unterschiedlich darauf reagieren. Lies doch mal das zweite Kapitel. Da steht noch mehr drin, wie solche Blockaden entstehen.*

Franz: *Na, da bin ich mal gespannt!*

2 Grundsätzliches

„Es hört doch jeder nur, was er versteht."

JOHANN WOLFGANG VON GOETHE

Zunächst beschäftigen wir uns mit der Frage: Was sind eigentlich Gesprächsblockaden, und was löst sie aus? Dabei ist es bedeutsam zu wissen, dass die Menschen unterschiedliche *Hot Buttons* haben. Drückt jemand einen solchen roten Knopf, reagieren sie automatisch auf eine bestimmte Art und Weise: Sie gehen an die Decke, sie werden traurig, sie ziehen sich beleidigt zurück, sie fühlen sich angegriffen ... Welche Hot Buttons häufig auftreten verdeutlicht eine Umfrage, durch die unsere „Hitliste der nervigsten Kommunikationsmuster" (Tab. 1) entstanden ist, die Sie gleich im Anschluss finden und die uns durch das ganze Buch begleiten wird.

Blockaden haben stets ähnliche Gründe

Gesprächsblockaden entstehen übrigens bei verschiedenen Menschen sehr ähnlich, denn sie basieren meistens auf verzerrter Wahrnehmung, unbewussten Erwartungen, erlebten Ähnlichkeiten und Unterschieden, Vorurteilen und – last but not least – auf der Be-Deutung, die die Kommunikationspartner der Sprache beimessen.

Auch wenn es uns bisweilen besser gefiele, wenn der Gesprächspartner sich ändern würde, erfolgversprechende Lösungsansätze liegen grundsätzlich beim Agierenden, also bei uns selbst!

Im Abschnitt *Erste Schritte zur clevereren Kommunikation* finden Sie grundlegende Tipps, wie Sie schwierige Gesprächssituationen entspannen können.

Die Hitliste der nervigsten Kommunikationsmuster

Bei welchen Sprüchen oder Handlungen Ihres Gegenübers stellen sich Ihnen die Nackenhaare auf? In der unten stehenden Tabelle haben wir eine freie Spalte für Ihre Antworten eingefügt.

Was bringt Sie auf die Palme?

Tabelle 1: Die Hitliste der nervigsten Kommunikationsmuster

Übung:
Bitte kreuzen Sie an, was Sie am meisten nervt.

Hitliste der nervigsten Kommunikationsmuster	Rang	Prozent der Antworten	Ihr Wert
Der Gesprächspartner hört mir nicht zu.	1	64 %	
Der Gesprächspartner will mich über den Tisch ziehen (manipulieren).	2	29 %	
Der Gesprächspartner ist profilierungssüchtig und spielt sich immer in den Vordergrund.	3	28 %	
Der Gesprächspartner eiert rum und vermeidet jede klare Position.	3	28 %	
Der Gesprächspartner lässt mich gar nicht zu Wort kommen.	5	20 %	
Dem Gesprächspartner muss ich jedes Wort aus der Nase ziehen.	6	19 %	
Der Gesprächspartner besteht stur auf seiner Meinung.	7	17 %	
Der Gesprächspartner legt jedes Wort auf die Goldwaage.	8	15 %	
Der Gesprächspartner nörgelt ständig.	9	14 %	
Der Gesprächspartner ist „harmoniesüchtig".	10	8 %	
Der Gesprächspartner ist mir unsympathisch.	11	7 %	
Der Gesprächspartner macht mich schräg von der Seite an.	12	6 %	
Der Gesprächspartner ist ein ewiger „Streithammel".	13	5 %	
Der Gesprächspartner nimmt immer die Gegenposition ein.	13	5 %	
Der Gesprächspartner kann mich nicht leiden.	15	4 %	
Weiteres			

Die vorgestellte „Hitliste" ist das Ergebnis einer Umfrage unter über 100 Personen. Diese wurden gebeten, aus einer von uns vorgegebenen Übersicht die drei für sie nervigsten Kommunikationsmuster zu wählen. Die Liste erhebt keinen Anspruch auf Vollständigkeit. Deshalb hatten die Befragten die Möglichkeit, eigene Aussagen zu ergänzen. Eine Auswahl:

Weitere nervtötende Muster

▨ Der Gesprächspartner wird verbal aggressiv und laut.
▨ Der Gesprächspartner unterbricht mich, fällt mir ins Wort.
▨ Der Gesprächspartner baut keinen Blickkontakt auf.
▨ Der Gesprächspartner reagiert eingeschnappt.
▨ Der Gesprächspartner spielt nervös mit irgendwelchen Gegenständen.
▨ Der Gesprächspartner psychologisiert/analysiert mich.
▨ Der Gesprächspartner wechselt ständig das Thema.

Spitzenreiter der Hitliste – von über 60 % der Befragten genannt – ist „Der Gesprächspartner hört mir nicht zu". Deshalb widmen wir uns dem Thema Zuhören gleich anschließend in *Erste Schritte zur cleveren Kommunikation*. Außerdem wird es ums Zuhören unter verschiedenen Gesichtspunkten immer wieder gehen.

Weitere Punkte der Hitliste werden in einzelnen Kapiteln dieses Buches aufgegriffen. Diese Hitliste soll Sie zunächst dazu anregen, herauszufinden, was Sie persönlich aufregt. Das können ganz ähnliche, eventuell aber auch ganz andere Dinge sein als bei den von uns Befragten.

Wenn zwei dasselbe erleben …

Es ist entscheidend, dass Sie wissen, welches Verhalten bei Ihnen eine Gesprächsblockade auslöst. Bitte beachten Sie, dass das bei Ihrem Gesprächspartner ganz andere – möglicherweise sogar entgegengesetzte – Verhaltensweisen sein können. Wie aus der Liste ersichtlich, fühlen sich z. B. etwa ebenso viele Menschen von „Streithammeln" wie von „Harmoniesüchtigen" genervt. Ganz ähnlich ist es mit den Gegensätzen „dem muss ich jedes Wort aus der Nase ziehen" und „der lässt mich gar nicht zu Wort kommen".

Einmal davon abgesehen, dass solche Formulierungen wertend sind, zeigen uns diese Ergebnisse sehr deutlich, dass es ausgesprochen subjektiv ist, was uns stört. Das heißt, das, was uns nervt, hat auch etwas mit uns selbst zu tun. Im Anschluss erfahren Sie mehr darüber, wie Gesprächsblockaden entstehen und warum identische Kommunikationsmuster unterschiedlich erlebt werden.

... reagieren sie oft ganz unterschiedlich

Wie Blockaden entstehen

Während es relativ leicht fällt, die Kommunikationsmuster zu benennen, die einen ärgern, ist den meisten unklar, was die konkreten Auslöser dafür sind.

Untersuchungen belegen, dass die Kommunikation
- zu 55 % nonverbal,
- zu 38 % in der Tonalität und
- nur zu 7 % verbal stattfindet.

Zu den *nonverbalen* Signalen gehört äußerlich Erkennbares wie:
- Körpersprache (Haltung, äußere Erscheinung, Mimik, Gestik, Nähe/Distanz, Augenbewegungen, Körperkontakt, Atmung, Schluckbewegungen, Kieferbewegungen, ...) und
- Semiotik (Lehre von den Zeichen der Objekte, wie z. B. Kleidung, Schmuck oder Statussymbole, und Lehre von den Zeichen der Rituale und Handlungen, wie z. B. Begrüßung, Small Talk oder Kaffee anbieten).

Nonverbale Informationen

Tonale Informationen Zur *Tonalität*, die ja mit 38 % ebenfalls eine große Rolle spielt, zählen Merkmale wie Sprechgeschwindigkeit, Sprachklang, Sprachrhythmus, Tonhöhe, Vibration, Sprachfluss, Lautstärke, Pausen usw. Tonalität ist also die Art, wie jemand spricht.

Verbale Informationen Das, worauf wir uns normalerweise bewusst konzentrieren, nämlich Worte und Inhalte, gehört zu den *verbalen* Signalen, die allerdings mit 7 % fast vernachlässigbar sind.

Da Gesprächsblockaden eine Folge der Kommunikation sind, ergibt sich logischerweise, dass diese ebenfalls nur zu einem sehr geringen Teil auf der Inhaltsebene ausgelöst werden. In diesem Zusammenhang kann es für Sie interessant sein, sich klarzumachen, auf welche Signale Sie unbewusst reagieren. Für den Fall, dass Sie aufgrund bestimmter Zeichen in Stress geraten, sprechen wir von den schon oben erwähnten *Hot Buttons*.

Mögliche Hot Buttons Wie finden Sie zum Beispiel einen erhobenen Zeigefinger, hochgezogene Augenbrauen, fehlenden Blickkontakt, eine schrille Stimme, …? Umgekehrt läuft es genauso. Wenn Ihr Gesprächspartner wie ferngesteuert reagiert, können Sie davon ausgehen, dass Sie einen seiner Hot Buttons getroffen haben.

Franz: *Das ist ja ein Ding! Was ich sage, ist also unwichtig?*
Emil: *Doch, das ist schon wichtig, aber für das Entstehen einer Gesprächsblockade macht das, was jemand sagt, am wenigsten aus.*
Franz: *Also, dass der Schulze mich nervt, liegt zu 55 % daran, dass der mich nie anguckt? Und nur zu 7 % daran, dass der was anderes will als ich?*
Emil: *So ungefähr, ja. Es sei denn, es gibt noch mehr, was dich in einer Unterhaltung stört?*
Franz: *Ja, wenn ich so darüber nachdenke, nervt es mich auch,*

wenn Menschen sprechen wie eine Schlaftablette. Aber das
macht der Schulze nicht.
Emil: *Aha, das ist interessant. Erstens ist dieses Beispiel aus dem*
Bereich der Tonalität und zweitens liefert dir das einen
Hinweis, dass langsames Sprechen bei dir eine Gesprächs-
blockade auslösen kann.
Franz: *Ja wie, bei dir etwa nicht?*
Emil: *Nein, das stört mich nicht. Mich stört eher, wenn jemand*
zu schnell spricht.
Franz: *Hmm, das ist mir ja bei der Liste der nervigen Kommu-*
nikationsmuster auch schon aufgefallen. Da gibt´s ungefähr
gleich viele Leute, die es nervt, wenn sie jemandem jedes Wort
aus der Nase ziehen müssen, wie solche, die es stört, wenn sie
gar nicht zu Wort kommen.
Emil: *Stimmt. Es kommt nämlich darauf an, was der Einzelne*
mit dem Verhalten des Gesprächspartners verbindet. Guck
dir mal die Abbildung 1 an, da wird erklärt, wie das entsteht.

Die Abbildung auf der Folgeseite zeigt, dass menschliche
Kommunikation von vielen Faktoren beeinflusst wird und
welchen Filtern sie unterliegt. Zwischen den beiden Gesprächspartnern steht das „tatsächliche" Verhalten zunächst
in Form von nonverbalen, tonalen und verbalen Signalen.
Jeder der Partner sieht z.B. die Blickrichtung des anderen,
welche Körperhaltung dieser eingenommen hat und welche
Mimik er zeigt (nonverbal). Des Weiteren erkennt jeder
tonale Signale, wie z.B. die Lautstärke, das Sprechtempo, die
Stimmlage, die Betonung usw. Und als verbale Mitteilungen
werden vor allem die Wörter, die der Partner benutzt, aufgenommen. Aus einer unglaublich großen Auswahl von
Signalen filtert jeder Gesprächspartner unbewusst nur einen
kleinen Teil heraus, der weiterverarbeitet wird.

Welche von diesen Signalen registriert und wie sie verarbeitet werden, hängt zum einen von physiologischen Grund-
voraussetzungen und zum anderen von individuellen Filtern

**Was wird wahr-
genommen?**

17

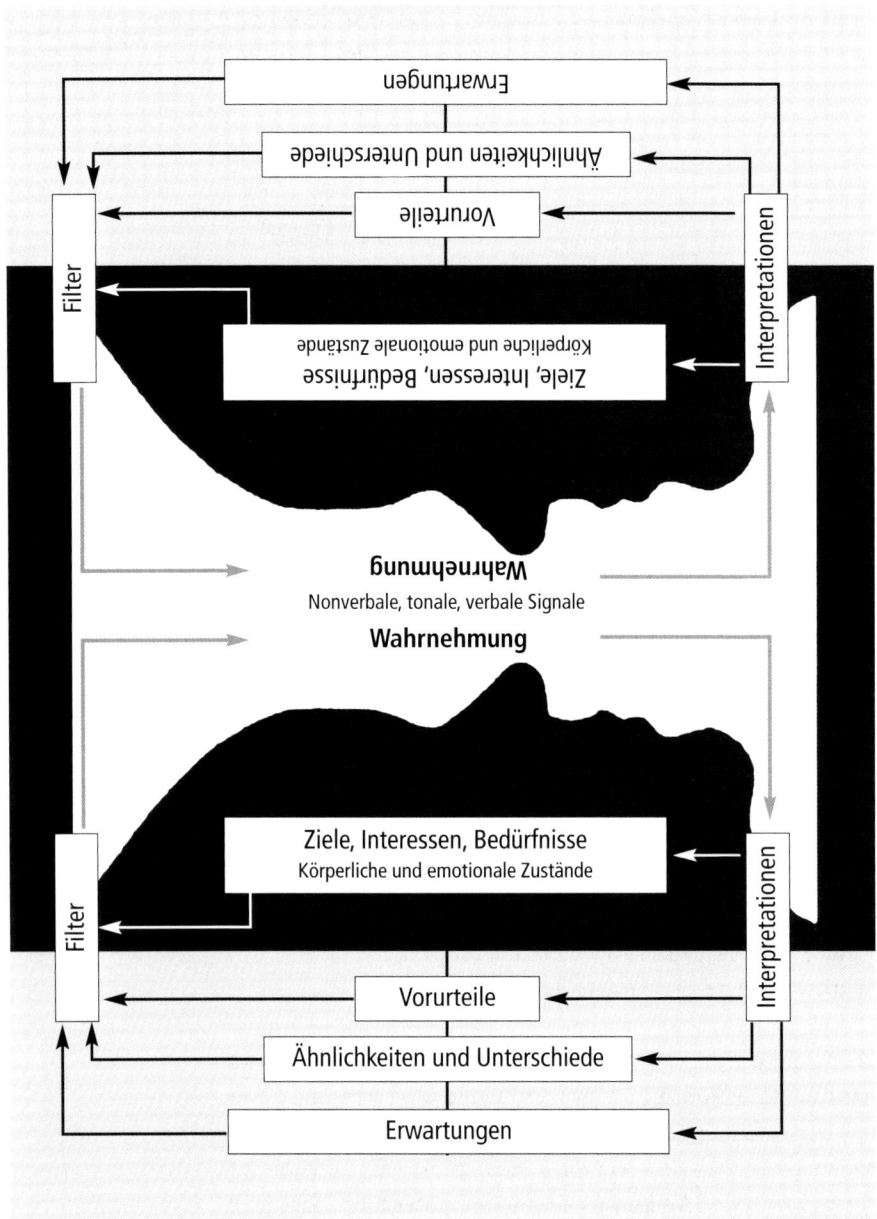

Abbildung 1: Kreislauf der Kommunikation

der Gesprächsteilnehmer ab. Beiden Arten von Wahrnehmungsfiltern ist gemeinsam, dass sie größtenteils unbewusst funktionieren.

Eine physiologische Grundvoraussetzung ist z. B. die Anzahl der Signale, die überhaupt aufgenommen werden kann. Unterschiede in der Wahrnehmung verschiedener Menschen können etwa in der Farberkennung, in der Sehschärfe, im Hörvermögen usw. liegen.

Während die physiologischen Bedingungen für jede Person stabile Wahrnehmungsfilter darstellen, sind die individuellen Filter veränderlich. Sie werden von bewussten und unbewussten Zielen, Interessen und Bedürfnissen sowie vom aktuellen körperlichen und emotionalen Zustand beeinflusst. Sie kennen das sicherlich von sich selbst: Wenn Sie gut gelaunt und gesund sind, nehmen Sie die Welt um sich herum anders wahr, als wenn Sie schlechte Laune haben oder krank sind. Wenn Sie an Ihrem Arbeitsplatz einen konkreten Auftrag zu bearbeiten haben, richten Sie Ihre Aufmerksamkeit auf andere Dinge, als wenn Sie am Wochenende unterwegs sind.

Individuelle Filter

Relativ stabilen Einfluss auf die individuellen Filter haben
- die Erwartungen, die jemand hat,
- der Umgang mit und die Bewertung von Ähnlichkeiten und Unterschieden zu anderen und
- die vorhandenen Vorurteile.

Durch diese Filter wird das, was in unserem Kopf an „Wahrnehmung" ankommt, in hohem Maße eingeschränkt. Die jeweilige Interpretation der „angekommenen" nonverbalen, tonalen und verbalen Signale wiederum ist eine persönliche Auslegung jedes Menschen. Damit wird deutlich, dass jede Situation von jedem Einzelnen stets höchst individuell wahrgenommen und interpretiert wird und der „Wahrheitsgehalt" auf ausgesprochen wackeligen Füßen steht, was dem Betreffenden meistens völlig unklar ist.

Alles beeinflusst alles Die Abbildung 1 veranschaulicht, dass jede Interpretation zudem in einer direkten Wechselwirkung mit den unbewussten Faktoren (Ziele, Interessen, Bedürfnisse, Erwartungen, Ähnlichkeiten und Unterschiede, Vorurteile) steht. Dies führt in einer Rückkopplung zu einer Veränderung der Filter selbst. Insgesamt findet eine ständige wechselseitige Beeinflussung aller Faktoren statt. Das erfolgt zu allem Überfluss auch noch zum größten Teil unbewusst, was letztendlich so etwas wie eine „richtige" Kommunikation unmöglich macht. Alle hier genannten Einflussfaktoren werden im weiteren Verlauf des Buches detailliert beschrieben.

Franz: *Hilfe! Mir schwirrt der Kopf. Die spinnen ja wohl.*
Emil: *Ein bisschen viel und ein bisschen trocken, wie?*
Franz: *Ja, genau. Ich brauch dringend ein Beispiel.*
Emil: *Okay! Nehmen wir noch mal den Schulze. Angenommen, du willst mit ihm die Arbeitsteilung für das Projekt besprechen.*
Franz: *Ja, genau. Das ist mein bewusstes Ziel.*
Emil: *In Ordnung! Und dieses Ziel wird noch von unbewussten Erwartungen, Ähnlichkeiten und Unterschieden und Vorurteilen beeinflusst.*
Franz: *Das mit den Vorurteilen ist einfach. Ich halt den ja für schwierig, weil er immer blockt. Deshalb muss ich ja vorher mit dem reden, damit er sich nicht schon wieder übergangen fühlt.*
Emil: *Ja. Und welche Ähnlichkeiten und Unterschiede gibt es zwischen euch und wie bewertest du die?*
Franz: *Warte mal. Da hab ich ja noch nie drüber nachgedacht. Da fällt mir nur ein, dass er viel langsamer und gründlicher ist als ich. Dass er so langsam ist, bringt mich auf die Palme, und dass er so gründlich ist, macht mich ehrlich gesagt ein bisschen neidisch. Aber deshalb kann der mir ja vielleicht auch im Projekt helfen.*

Emil: *Hmm. Und welche Erwartungen an die „Zusammenarbeit" hast du?*

Franz: *Weißt du, für mich ist es normal, und das erwarte ich auch von anderen, dass Kollegen freundlich miteinander umgehen.*

Emil: *Siehst du, dein bewusstes Ziel, mit dem Schulze über die Arbeitsteilung für das Projekt zu sprechen, wird beeinflusst durch deine Erwartungshaltung bezüglich „Zusammenarbeit", deinem Vorurteil darüber, warum der Schulze möglicherweise blockt, und der Tatsache, dass er bestimmte Dinge anders macht als du.*

Franz: *Clever. Das war mir nicht bewusst. Und wahrscheinlich gibt es da noch viel mehr Unbewusstes, was sich auf meine Ziele mit dem Schulze auswirkt.*

Emil: *Genau, und dann gibt's da ja auch noch die Filter, die bewirken, dass du nur bestimmte Dinge wahrnimmst. Zum Beispiel, dass der Schulze nicht gerade der freundlichste Zeitgenosse ist. Das kriegst du mit. Aber ist dir schon aufgefallen, dass der extrem hilfsbereit ist?*

Franz: *(kichert) Für die Filter hab ich noch ein ganz anderes Beispiel. Der Müller ist doch in die Katja verknallt. Und letztens hat der gegrinst wie ein Honigkuchenpferd, weil sie ihn angerufen hat …, um ihn an die Reisekostenabrechnung zu erinnern!*

Emil: *Die rosarote Brille als Filter!*

Franz: *Ah, jetzt begreif ich's langsam. Das, was die Katja gemacht und gesagt hat, ist das tatsächliche Verhalten. Und wie der Müller das aufgenommen hat, ist von seinem Filter, der rosaroten Brille, abhängig. Und das führt dann zu der Fehlinterpretation, dass die Katja was von ihm will.*

Emil: *Wer weiß, wer weiß? Wie ist denn dieser Wahrnehmungsfilter bei dem Müller entstanden?*

Franz: *Also, wenn ich das richtig verstanden habe, ist das ja selbst dem Müller nicht klar. Woher soll ich das denn dann wissen?*

Emil: *Ich glaub, das ist ein wichtiger Punkt, dass man sich über die Entstehung seiner eigenen Wahrnehmung Gedanken machen kann. Aber in den Kopf von anderen kann man auf keinen Fall hineinschauen.*

Franz: *Okay. Alles kapiert.*

Emil: *Aber, Moment mal, der Müller und die Katja haben ja gar keine Gesprächsblockade!*

Franz: *Aber vielleicht kriegen die mal eine. Wenn nämlich der Müller weiterhin durch die rosarote Brille guckt, ihr Verhalten in seinem Sinne interpretiert, entsprechend handelt (grinst) und sie ihn dann irgendwann auf den Boden der Tatsachen zurückholen muss.*

Emil: *Ganz schön kompliziert! Vor allem, wenn man bedenkt, dass beim Gesprächspartner dasselbe in Grün abläuft!*

Bei den in der Abbildung gezeigten Einflussfaktoren und ihren vielfältigen Wechselwirkungen fragt man sich, wie es überhaupt möglich ist, dass Kommunikation oft reibungslos funktioniert, wo doch Gesprächsblockaden programmiert scheinen. Je mehr wir über das Entstehen von Blockaden wissen, umso größer ist auch die Chance, Ansatzpunkte zur ihrer Vermeidung und Lösung zu finden.

Erste Schritte zur cleveren Kommunikation

In den nachfolgenden Kapiteln finden Sie eine Vielzahl von Tipps zu den wichtigsten „nervigen Kommunikationsmustern", die Ihnen helfen sollen, gelassener und entspannter – kurz cleverer – zu kommunizieren. Zunächst geben wir Ihnen eine Reihe allgemeiner Hinweise, die in jeder Gesprächssituation hilfreich sind. Dabei stellen die ersten drei Tipps nach außen (A), die letzen beiden nach innen gerichtete Maßnahmen (I) dar.

Hören Sie zu (A)

Das Thema „Nicht-Zuhören" führt die Hitliste der nervigsten Kommunikationsmuster an. Über 60 % der Befragten stört es, wenn ihnen ihr Gesprächspartner nicht zuhört. Daraus leitet sich zwingend die erste wichtige Regel ab:

Wenn Sie feststellen, dass es eine Blockade zwischen Ihnen und Ihrem Kommunikationspartner gibt: Hören Sie ihm zu!

Vorsicht! Das ist möglicherweise leichter gesagt als getan! Denn wie selbstverständlich gehen wir davon aus, dass wir als „gute Gesprächspartner" unserem Gegenüber immer zuhören. Und wie schnell urteilen wir über den anderen, dass er das gerade nicht tut!

Nur, was passiert denn bei einer Gesprächsblockade? Wie oben schon geschildert: Wir sind in unserer eigenen Wahrnehmung gefangen, die von unseren persönlichen Filtern und unseren Interpretationen und Zielen gesteuert wird! Und so suchen wir häufig unbewusst nur noch nach der Bestätigung unserer inneren Standpunkte. Das heißt: Wir gehen „aus dem Kontakt". Wir sind mit unserer Aufmerksamkeit mehr bei uns selbst als beim Gesprächspartner. Das merkt dieser natürlich und wertet es als „Nicht-Zuhören" und mangelnde Wertschätzung.

Mit der Aufmerksamkeit beim anderen sein

Wenden Sie sich von dieser „Innensicht" bewusst wieder nach außen! Schenken Sie Ihrem Gegenüber Ihre volle Aufmerksamkeit! Hören Sie ihm wirklich nur zu – ohne zu interpretieren!

Franz: *Also, das ist mir jetzt aber ein bisschen zu platt! Was soll das denn?*
Emil: *Das hört sich zwar ganz einfach an, aber wie ist das denn bei dir und dem Schulze?*

Franz: *Gutes Beispiel! Ich hör dem immer zu, und ich versteh auch, was der sagt, aber seine Einwände sind völlig irrelevant und total daneben!*

Emil: *Siehst du. Und genau das ist es, was das Zuhören manchmal so wahnsinnig schwer macht! Du sollst nämlich wirklich nur zuhören. Nur zuhören, deinem Gesprächspartner deine volle Aufmerksamkeit schenken, seine Einwände ernst nehmen, Abstand nehmen von deiner eigenen Wahrnehmung, deiner Interpretation, deinen Zielen …*

Franz: *Ähhhm. Du meinst, es reicht nicht aus, ihn einfach ausreden zu lassen und ihn nicht zu unterbrechen? Ich muss mich wirklich mit den Einwänden vom Schulze auseinandersetzen? Mich selbst hinten anstellen?*

Emil: *Dass du ihn ausreden lässt und ihn nicht unterbrichst, ist ja nur eine Frage der Höflichkeit. Das andere ist ein Ausdruck der Wertschätzung und dazu gehört es, dass man den Gesprächspartner und das, was er zu sagen hat, ernst nimmt!*

Franz: *Ich glaub, jetzt dämmert mir, wie schwierig das ist! Das ist ja eine echte Herausforderung!*

Überschreiten Sie die rote Linie (A)

Die „rote Linie" zu überschreiten bedeutet, sich ganz bewusst anders zu verhalten, als man es normalerweise tut. Wenn wir eingefahrene Wege verlassen, kann das den Gesprächspartner überraschen und das blockierte Gespräch wieder in Gang bringen. Ein Vielredner, der 15 Sekunden schweigt, erweckt Aufmerksamkeit, ebenso wie ein „Ja-Sager", der einmal klar und deutlich „Nein" sagt.

Die Komfortzone verlassen

Um die eigene rote Linie überschreiten zu können, muss man zunächst einmal die eigene „Komfortzone" kennen, das heißt, man muss wissen, wie man sich „normalerweise" verhält. Die Komfortzone umfasst das erprobte Verhaltensrepertoire, den Bereich, in dem man sich sicher fühlt. Die eigene Komfortzone zu verlassen und damit die rote Linie zu überschreiten, erfordert ein Mindestmaß an Mut. Denn außerhalb der Komfortzone liegt Neuland. Es ist noch nicht bekannt, wie die Umwelt auf das veränderte Verhalten reagiert.

Gleichzeitig ergeben sich hier auf unbekanntem Gebiet auch neue Reaktionsmöglichkeiten für den Gesprächspartner, und damit steigt die Chance, die Gesprächsblockade aufzulösen. Das gewohnte Verhalten führt Sie oft tiefer in die Sackgasse. Verlassen Sie die Komfortzone! Gehen Sie den ersten Schritt auf einem neuen Weg!

Je öfter Sie ein bestimmtes Verhalten ausprobieren und damit Erfolg haben, also z. B. eine Gesprächsblockade beseitigen, desto sicherer werden Sie sich fühlen. In der Folge werden Sie es öfter einsetzen und damit mittelfristig Ihre Komfortzone vergrößern.

Im Laufe der folgenden Kapitel erhalten Sie immer wieder Anregungen zum Überschreiten der roten Linie. Prüfen Sie, welche davon Sie in welcher Situation ausprobieren wollen.

Überzeugen Sie, ohne zu argumentieren (A)

Insbesondere dann, wenn Sie jemanden von etwas überzeugen wollen und dabei eine Gesprächsblockade entsteht, ist „überzeugen, ohne zu argumentieren" hilfreich. Das gleichnamige Buch von Marion Recknagel geht vom Prinzip der uneingeschränkten Akzeptanz von Meinung, Interessen, Wünschen und Zielsetzung des Gesprächspartners aus und zielt darauf ab, eine Lösung zu finden, mit der beide rundum zufrieden sind. Dabei steht die sachliche Verhandlung ganz klar im Vordergrund. Wenn dort Widerstände entstehen, weil einer den anderen oder das, was diesen bewegt, nicht ernst genug nimmt, kann es zu einer Gesprächsblockade kommen. Entscheidend ist es, die den Widerständen zugrunde liegenden Interessen und Bedürfnisse des Partners zielgerichtet herauszufinden, um damit umgehen zu können. In diesem

Zusammenhang sind besonders Fragetechniken von großer Bedeutung. Deshalb finden Sie hier eine Auswahl der wichtigsten Fragetypen. Sie haben die Möglichkeit, sich diese Fragen sowohl selbst als auch Ihrem Gegenüber zu stellen:

Fragetypen

▪ *Zur Beschreibung eines Problems:*
  – Wann, wo, wie oft … tritt das Problem auf?
  – Worin besteht die eigentliche Schwierigkeit?

▪ *Zum Ablauf von Problemsituationen:*
  – Was läuft in der Situation in der Regel ab?
  – Wie reagieren Sie darauf?

▪ *Zum Effekt von Verhaltensweisen:*
  – Welchen Effekt hat dieses Verhalten?
  – Wie reagiert der andere?

▪ *Nach Erklärungen:*
  – Wie erklären Sie sich das?
  – Wie erklärt sich das Ihr Gesprächspartner?

▪ *Nach der Meinung des Gesprächspartners:*
  – Was ist Ihnen in diesem Zusammenhang wichtig?
  – Wie ist Ihre Meinung dazu?

▪ *Zur Analyse:*
  – Was glauben Sie, woran das liegt?
  – Wer ist außer Ihnen noch betroffen?

▪ *Zur Konkretisierung von Aussagen:*
  – Was passiert im Einzelnen?
  – Was genau stört Sie?

▪ *Bestätigungs-/Kontrollfragen:*
  – Habe ich Sie richtig verstanden, dass …?
  – Ihnen ist also … und … besonders wichtig?

▓ *Zur Lösung:*
- Welche Voraussetzungen sollten aus Ihrer Sicht erfüllt sein?
- Was sollte unbedingt berücksichtigt werden?

▓ *Zur Transfersicherung:*
- Wie werden Sie konkret vorgehen?
- Wie zufrieden sind Sie mit der Vereinbarung?

Wenn Sie die Widerstände Ihres Gesprächspartners und seine dahinterstehenden Interessen genau kennen, wird es Ihnen leichter fallen, Gesprächsblockaden zu vermeiden oder aufzulösen und Ihr Gegenüber zu überzeugen.

Bereiten Sie Gespräche vor und nach (I)

„Was ist am schwersten zu erreichen? Dass man sich selbst hinter die Schliche kommt."

WILHELM BUSCH

… was uns geradezu dazu herausfordert, es immer wieder anzustreben! Es wird in der Kommunikation immer wieder zu Blockaden kommen, auch wenn Sie sich noch so viel Mühe geben. Vielleicht, weil die Art und Weise, wie Sie die rote Linie überschritten haben, fehlgeschlagen ist, vielleicht, weil neue Hot Buttons auftauchen. Das ist normal und gehört zur Kommunikation. „Fehler" machen ist erlaubt! Wir sind schließlich Menschen! An dieser Stelle möchten wir Sie ausdrücklich ermutigen, Fehler als Erfahrungen zu betrachten, als einen Schritt auf dem Weg zum Kommunikationsprofi.

Zur Kurskorrektur dient die Vor- und Nachbereitung von Gesprächen, insbesondere unter dem Beziehungsaspekt. Es geht darum, die eigenen Aktionen und Reaktionen sowie die damit verbundenen Gefühle zu reflektieren, und zwar am besten anhand eines ganz konkreten Gesprächs. So ist es am leichtesten, sich selbst auf die Schliche zu kommen.

Ein Problemgespräch reflektieren

27

In der Nachbereitung überprüfen Sie, wie das Gespräch abgelaufen ist. Wichtig ist, dass Sie sich vergegenwärtigen, an welchen Stellen Störungen aufgetreten sind und was Sie möglicherweise dazu beigetragen haben. Zur Analyse gibt es eine ganze Reihe von Fragen, die Sie sich stellen und beantworten können:

- Wann ist das Gespräch gekippt? Wo war es kritisch?
- Wo gab es Missverständnisse?
- Was genau ist an dieser Stelle passiert?
- Was habe ich dabei gemacht und möglicherweise beim anderen ausgelöst?
- Womit genau hat mein Gesprächspartner mich auf die Palme gebracht?
- Warum habe ich so und nicht anders reagiert?
- Wie kann ich zukünftig damit umgehen?
- Was genau will ich beim nächsten Mal anders machen?

Sich auf ein schwieriges Gespräch einstimmen

Die Nachbereitung eines Gesprächs ist in gewissem Sinne gleichzeitig eine Vorbereitung auf das nächste. Darüber hinaus gibt es zur Planung eines Gesprächs etliche hilfreiche Fragen:

- Was weiß ich über die Hot Buttons meines Gesprächspartners?
- Was ist meinem Gegenüber im Umgang wichtig?
- Was halte ich vom anderen?
- Wie kann ich mich positiv auf meinen Gesprächspartner einstimmen?
- Welche Hoffnungen, Befürchtungen und Erwartungen hege ich?
- Gibt es Ähnlichkeiten oder Unterschiede zu meinem Gesprächspartner, die mich stören?
- Welche neuen Verhaltensweisen möchte ich ausprobieren (rote Linie überschreiten)?

Selbstverständlich ist auch die Vor- und Nachbereitung von Gesprächen auf der Sachebene wichtig, z. B. die Frage, ob das Gesprächsziel erreicht wurde. Das Thema dieses Buches ist aber die Klärung von Störungen auf der Beziehungsebene. Das viel zitierte Eisbergmodell der Kommunikation besagt, dass die Beziehungsebene zu 6/7 und die Sachebene lediglich zu 1/7 den Ausgang eines Gesprächs bestimmt.

Erkennen Sie Ihre Hot Buttons (I)

Im Rahmen der Selbstbeobachtung und Reflexion als Chance zur langfristigen Entschärfung von Gesprächsblockaden spielen insbesondere die eigenen Hot Buttons eine große Rolle. Zunächst geht es darum, herauszufinden, worauf Sie anspringen. Die Hitliste der nervigsten Kommunikationsmuster bietet hier sicherlich eine Reihe von Ansatzpunkten. Bitte berücksichtigen Sie, dass die Auslöser nonverbal, tonal und/oder verbal sein können. Je genauer Sie um Ihre Hot Buttons wissen, desto bewusster können Sie damit umgehen und Gesprächsblockaden lösen. Angenommen, ein Gesprächspartner verbindet mit Lautstärke Positives wie Fröhlichkeit und Zugehörigkeit, der andere eher Negatives wie Streit und Ärger. Bei diesen beiden könnte allein die Lautstärke zu einer Gesprächsblockade führen, ohne dass auf der Sachebene eine Meinungsverschiedenheit besteht.

Wie Sie Ihre Hot Buttons am schnellsten finden? Indem Sie zukünftig darauf achten, was Sie aufregt. Wenn Sie etwas entdeckt haben, was Sie in jeder Situation unabhängig von der Person ärgert, dann haben Sie höchstwahrscheinlich einen von diesen verflixten roten Knöpfen gefunden. Oder Sie beantworten sich folgende Frage: Was muss man tun, um mich garantiert auf die Palme zu bringen?

Wie finden Sie Ihre Hot Buttons?

Im nächsten Schritt fragen Sie sich, ob dieser Punkt für Sie wichtig ist. Wenn ja, dann bleiben Sie dabei, bemühen sich aber bewusst, gelassener zu reagieren, wenn dieser Knopf gedrückt wird. Wenn der Aufreger eher hinderlich ist, dann haben Sie folgende Möglichkeiten:

- Sie verabschieden sich von ihm; keine Angst, er wird Sie ungefragt immer mal wieder aufsuchen. Dann prüfen Sie ihn erneut, hinterfragen eventuell, wie er entstanden ist, welche Aufgabe er hat, und verabschieden sich noch einmal von ihm.
- Sie weisen Ihren Gesprächspartner auf den roten Knopf hin mit der Bitte, er möge ihn nicht drücken. Das kann sehr hilfreich sein, und oft ist Ihr Gegenüber dafür ausgesprochen dankbar.

Franz: *Ah ja, Hot Buttons oder rote Knöpfe. Weißt du eigentlich, was für mich ein roter Knopf ist?*

Emil: *Ich glaub schon. Du reagierst eigentlich immer ziemlich heftig, wenn jemand eine Entscheidung trifft, ohne dich zu fragen.*

Franz: *Na, das ist doch wohl eine Selbstverständlichkeit! Das wäre ja noch schöner, wenn ich jemand über mich bestimmen ließe!*

Emil: *Es geht ja hier auch nicht darum, dass du die anderen zukünftig über dich bestimmen lassen sollst. Es geht darum zu wissen, dass du empfindlich reagierst, wenn jemand das versucht.*

Franz: *Ja, das weiß ich ja nun, dass das einer meiner Hot Buttons ist, und jetzt?*

Emil: *Jetzt kannst du beschließen, dass du zukünftig ruhig und gelassen darauf hinweist, dass du an Entscheidungen, die dich betreffen, beteiligt werden möchtest.*

Franz: *Entschuldige, dass ich unterbreche, da kann ich dann wieder „überzeugen, ohne zu argumentieren" anwenden?*

Emil: *Ja, ganz genau! Und das gelingt dir nur, wenn du dich von deinem roten Knopf verabschiedest. Die Sache an sich kann weiterhin wichtig bleiben. In deinem Fall, dass du an Entscheidungen beteiligt werden willst. Aber statt wie bisher emotional zu reagieren, Souveränität zu verlieren und hoch-*

zugehen, bleibst du gelassen und vertrittst sachlich deine Ziele.

Franz: *Ups, das wird wahrscheinlich nicht ganz einfach. Na ja, ich bin ja derjenige, der ständig betont: „Ich liebe Herausforderungen."*

Emil: *Schön, dann kann's ja losgehen mit der Suche nach weiteren roten Knöpfen und dem aktiven Umgang damit.*

3 „Der will mich doch über den Tisch ziehen …"

„Wenn es nur eine einzige Wahrheit gäbe,
könnte man nicht hundert Bilder über dasselbe Thema
malen."

PABLO PICASSO

In diesem Kapitel beschäftigen wir uns mit der Wahrnehmung und ihrem großen Einfluss auf unsere Gedanken und Gefühle. Es geht darum, wie das, was wir wahrnehmen, verzerrt wird durch unsere physiologische Konstitution, durch bewusste und unbewusste Ziele, durch unsere Interessen und Bedürfnisse sowie dadurch, wie wir uns körperlich und seelisch fühlen.

Jeder trägt eine „Wahrnehmungsbrille" Wie in der Abbildung 1 dargestellt, hängt unsere Wahrnehmung ab von vielfältigen unbewussten Filtern. Das führt dazu, dass wir – schon bevor wir zum ersten Mal eine Situation oder Person bewusst registrieren – eine Vorauswahl dessen getroffen haben, was wir „für *wahr nehmen*" wollen. Durch diese „Wahrnehmungsbrille" ordnen wir alle weiteren Eindrücke von dieser Situation und diesem Gesprächspartner ein und konzentrieren uns auf eine bestimmte Sichtweise. Erst wenn uns deutlich wird, wie stark wir unsere Wahrnehmung verzerren, je nachdem, welche Wahrnehmungsbrille wir üblicherweise benutzen, können wir auch bewusst andere „Brillen" aufsetzen, um aus verfahrenen Gesprächssituationen herauszukommen und dem Gegenüber eine neue Chance zu geben.

32

solche Hunderasse gibt und wie sie aussieht. Wenn man den Hund einmal entdeckt hat, ist es schwierig, ihn nicht mehr zu sehen.

Jeder gesunde Mensch verfügt über (mindestens) fünf Sinne zur Wahrnehmung:

- visuell: über die Augen
- auditiv: über die Ohren
- kinästhetisch: über den Tastsinn
- olfaktorisch: über die Nase
- gustatorisch: über die Zunge

Verschiedene Wahrnehmungstypen

Wir nutzen aber in der Regel vorrangig nur einen oder höchstens zwei Wahrnehmungskanäle, um Informationen aufzunehmen. Botschaften auf den anderen Kanälen werden ausgeblendet. Auch das bedeutet eine ganz individuelle Wahrnehmung der Welt und kann leicht zu Missverständnissen führen. Schauen Sie sich einmal diese beiden Wegbeschreibungen an und raten Sie, aus welchen Sinnessystemen sie stammen:

„Um zum Bahnhof zu gelangen, folgen Sie der Allee bis zur Post gegenüber von der Tankstelle, biegen dort rechts ein und fahren weiter am Marktplatz mit dem Standbild von Kaiser Wilhelm vorbei. Passieren Sie die Schule, die Sie auf der rechten Seite sehen. Nach dem Bäcker fahren Sie links, dann unter der Eisenbahnbrücke hindurch und sehen dann schon den Bahnhof.“

Wenn zwei dasselbe erklären …

Oder:

„Um zum Bahnhof zu kommen, folgen Sie der Lindenallee bis zur Kreuzung mit der Kaiser-Wilhelm-Straße und biegen dort rechts ein. Das ist etwa in Höhe der Hausnummer 145. Sie folgen der Beschilderung „Autozug“. An der Bahnhofstraße biegen Sie links ein und fahren geradeaus, bis Sie zum Bahnhof kommen.“

… werden Wahrnehmungs-präferenzen deutlich

Die erste Beschreibung stammt von einer visuell orientierten Person, die zweite von einer auditiv ausgerichteten. Der visuelle Typ orientiert sich hauptsächlich über die Augen und sieht viele Details. Einen auditiven Wahrnehmungstypen kann eine Beschreibung wie die obere fast zum Wahnsinn treiben, da er visuelle Wegmarken gar nicht registriert. Er braucht dagegen das „gelesene Wort", das er sich innerlich vorspricht, womit wiederum ein visueller Mensch wenig anfangen kann. Ein kinästhetischer Wahrnehmungstyp merkt sich Wege über die Bewegung, er spürt nach, wann er links oder rechts abbiegt oder geradeaus fährt und wann er an einer T-Kreuzung anhalten muss. Menschen dieses Typs erkennt man oft an ihrer ausladenden Gestik und Körperbewegung.

Optische und andere Täuschungen

Eine Blockade entsteht schnell, wenn zwei ungleiche Wahrnehmungstypen aufeinandertreffen. Dabei bewertet jeder der Gesprächspartner seine Wahrnehmung als die richtige und die des anderen als „falsch" oder „unwichtig". Schnell interpretiert man in so einem Fall das Kommunikationsverhalten des anderen als unverständlich oder dumm. Dazu finden Sie Weiteres im Kapitel über Erwartungen (Kapitel 4).

Trotz seiner enormen Leistungsfähigkeit ist unser Gehirn bei der Vielzahl von Informationen bisweilen überfordert. Dies zeigt sich darin, dass unser Wahrnehmungssystem oft Fehler macht. Manchmal sehen wir Täuschungen:

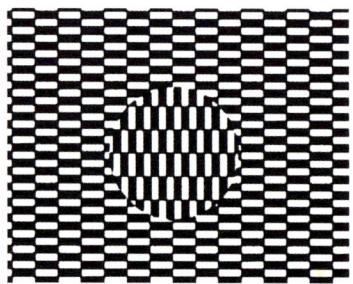

Abbildung 3:
Hier bewegt sich
doch etwas?

38

Die Linien scheinen sich zu verschieben und zu flattern, je länger man sie anschaut. Manchmal braucht es Zeit, Signale zu interpretieren und Doppeldeutigkeiten zu erkennen:

Abbildung 4:
Was sehen Sie?

Sehen Sie einen Saxofonspieler? Oder ein Frauenportrait? Wenn Sie das Bild nicht kennen, sehen Sie zunächst nur eine Möglichkeit. Sobald Sie von der Alternative wissen, wechselt das Bild vor Ihrem Auge hin und her.

Übung:
Legen Sie ein Rosenblatt auf ein graues Blatt Papier und danach auf ein weißes und auf ein schwarzes. Wie verändert sich in Ihrer Wahrnehmung die Farbe des Blattes vor den verschiedenen Hintergründen?
Weitere optische Illusionen finden Sie in vielen Büchern (siehe Literaturliste) oder im Internet.

Franz: *Hübsche Spielchen, aber was bringt mir das bei einer Gesprächsblockade?*

Emil: *Vielleicht kannst du zukünftig anders reagieren, wenn du bemerkst, dass du die Dinge anders wahrnimmst als dein Gesprächspartner?*

Franz: *Falls ich mich in dem Moment daran erinnere, dass die Wahrnehmung vom Betrachter abhängt, könnte ich wahrscheinlich eine Blockade vermeiden.*

Emil: *Ja, das glaube ich auch, weil es dir dann statt ums Rechthaben um einen Austausch der unterschiedlichen Wahrnehmung gehen kann.*

Franz: *Es geht also mal wieder darum, sich auf den Gesprächs-*
partner einzustellen.

Auch die Verarbeitung akustischer Reize unterliegt häufig
Fehleinschätzungen und Täuschungen. Denken Sie nur an
das Kinderspiel *Stille Post,* bei dem am Ende etwas völlig anderes herauskommt, als ursprünglich gesagt wurde.

Ebenso unterliegt der kinästhetische Sinn Täuschungen:
Menschen, die den ganzen Tag auf einem Segelboot verbracht
haben und dann wieder an Land gehen, spüren deutlich, dass
der feste Boden unter ihren Füßen schwankt. Selbst Ge-
schmackswahrnehmungen sind subjektiv gefärbt. Ob Menschen einen bitteren Geschmack auch tatsächlich als solchen
wahrnehmen, hängt von ihrer Erwartungshaltung ab.

Eindrücke sind
stets unvollständig
Was bedeutet dies alles für die Entstehung einer Gesprächsblockade? Wichtig ist, dass wir erkennen: Selbst, wenn wir
noch gar nicht miteinander geredet haben, haben wir allein
schon durch die Einschränkungen unserer Wahrnehmung
einen unvollständigen Eindruck von dem Gesprächspartner,
der Gesamtsituation und auch von uns selbst. Wir können
Täuschungen unterliegen! Diese Täuschungen führen möglicherweise sehr frühzeitig zu einer Fehleinschätzung der
Situation und des Gegenübers.

Hinzu kommt, dass die Wahrnehmungsfähigkeit in den einzelnen Sinnen individuell unterschiedlich ausgeprägt ist. Es
gibt z. B. viele Menschen, die farbenblind sind, auch die Unterschiede im Hörvermögen, im Geruchs- und Geschmacks-
empfinden oder in der Sensibilität für Berührungen sind sehr
groß. Ziehen wir einmal einige Unterschiede in der Wahrnehmungsfähigkeit von Männern und Frauen heran, die
gerne zu Gesprächsblockaden zwischen den Geschlechtern
führen:

Frauen haben mehr Zäpfchen (Rezeptoren zur Farbwahrnehmung) auf der Netzhaut, so dass sie Farben in der Regel differenzierter wahrnehmen als Männer. Frauen sollten daran denken: Wenn der Partner auf die Frage „Sollen wir die Hochzeitseinladung lieber auf chamoix- oder auf champagnerfarbenen Papier drucken lassen?" nur mit einem fragenden Blick antwortet, so liegt das nicht (unweigerlich) daran, dass ihn solche Fragen nicht interessieren, sondern (möglicherweise) daran, dass er schlichtweg keinen Unterschied erkennen kann. Für Männer gilt: Wenn eure Partnerin euch eine solche Frage stellt, sieht sie (vermutlich) tatsächlich einen wichtigen Unterschied. Und in der Gesamtkomposition der Vielfalt der Farben, die sie wahrnimmt, spielt dies (meist) auch eine wichtige Rolle.

Frauen haben zudem ein weiteres peripheres Blickfeld als Männer. Sie können erfassen, was um sie herum vorgeht, ohne den Kopf zu bewegen. Deshalb scheint es fast, als hätten sie „auch hinten Augen". Jedenfalls bemerken sie direkt, wenn ein Mann den Kopf dreht, um einer anderen hinterherzuschauen. Während sie selbst den Kopf gar nicht erst bewegen müssen, wenn sie einem Mann hinterhergucken wollen. Die Augen von Männern sind dagegen eher auf Langstreckensehen ausgerichtet. Sie verfügen über eine bessere Fernsicht auf einem engeren Feld (Tunnelblick). Männer können klar und deutlich erkennen, was vor ihnen liegt, und das auf größere Distanzen, vergleichbar mit einem Fernglas. Dafür haben sie häufig kein Auge für Details. Deshalb können sie in der Ferne einen Punkt ausmachen, finden aber die Butter nicht, die im Kühlschrank direkt vor ihrem Auge liegt.

Frauen haben zudem ein ausgeprägteres Hörvermögen als Männer. Sie können höhere Töne erkennen und Geräusche besser voneinander unterscheiden. Sie haben ein besseres Empfinden für leichte Änderungen in der Lautstärke und der Tonhöhe, deshalb nehmen sie nachts das Weinen des Babys eher wahr als Männer und hören häufig nicht Gesagtes, hören quasi zwischen den Zeilen. Männer können dagegen besser erkennen, aus welcher Richtung Geräusche kommen.

Diese Beispiele machen deutlich, wie Blockaden allein durch die verschiedene Fähigkeit, etwas wahrzunehmen, entstehen können.

Selektive Wahrnehmung und wozu sie dient

Die alte Volksweisheit *„In der Nacht sind alle Katzen grau"* beschreibt die Tatsache, dass wir Dinge und Menschen – je nachdem, in welchem „Licht" wir sie sehen – anders bewerten. Da wir nur 40 Bits in der Sekunde verarbeiten können, müssen wir zwangsläufig eine Auswahl treffen, diese Daten selektiv organisieren. Wie wir auswählen, ist uns selbst nicht bewusst und hängt von verschiedenen Aspekten ab, z. B.:

Auswahlkriterien des Gehirns

- vom Kontext,
- von unserer Aufmerksamkeitsrichtung,
- vom Gefühlszustand,
- vom Wissensstand.

Unser Gehirn muss entscheiden, welche Informationen relevant sind und welche weniger. Erst indem wir unsere Aufmerksamkeit einem Reiz zuwenden, wird uns dieser bewusst.

Der Kontext

Zu einem großen Teil hängt unsere Wahrnehmung von dem Zusammenhang ab, in dem sie stattfindet. Hier ein einfaches Beispiel:

Abbildung 5:
Ist dies ein Lügner?

Die meisten von Ihnen werden zunächst den Kopf erkannt haben, da wir Ihnen in vielen Abbildungen Bilder präsentiert haben. Versuchen Sie jedoch einmal, die Zeichnung als

Schriftzug wahrzunehmen. Der andere Kontext ermöglicht Ihnen ein anderes Verständnis.

In der auditiven Wahrnehmung wird die Kontextabhängigkeit noch deutlicher: In der Nacht nehmen wir Geräusche viel intensiver wahr als tagsüber. Ein Schrei wird während eines Fußballspiels völlig anders wahrgenommen als derselbe Schrei in einer Bibliothek. Was wir wahrnehmen, wird interpretiert, und wie wir interpretieren, hängt von dem Kontext ab, in dem wir uns befinden.

Der Rahmen bestimmt die Wahrnehmung

Durch die Fähigkeit des Menschen, kontextabhängig wahrzunehmen, ist das menschliche Wahrnehmungssystem jedem bisher entwickelten elektronischen System zur Musterauswertung haushoch überlegen und wesentlich flexibler. Formen und Worte werden schneller erkannt, wenn sie Bedeutung haben. Wie wichtig der Kontext ist, veranschaulicht auch das folgende Beispiel:

„W e k mmt es, dass S e di sen S tz l sen kön n?"

In der Regel fällt es uns sehr leicht, Lücken auszufüllen. In die gleiche Kategorie gehört der folgende Satz:

„Gmäeß eneir Sutide eneir Elgnihcesn Uvinisterät, ist es nchit witihcg, in wlecehr Rneflogheie die Bstachuebn in eneim Wrot snid. Das enziige was wcthiig ist, das der estre und der leztte Bstabchue an der ritihcegen Pstoiion ist. Der Rset knan ein ttoaelr Bsinöldn sien, tedztorm knan man ihn onhe Pemoblre lseen. Das ist so, wiel wir nciht jeedn Bstachuebn enzelin leesn, snderon das Wrot als gseatems."

Fast jeder kann den Text flüssig lesen, obwohl die Buchstabenreihenfolge in den Wörtern vertauscht ist und Buchstaben fehlen. Dies haben Keith Rayner und andere in einer Studie an der Universität von Massachusetts nachgewiesen.

Die Aufmerksamkeitsrichtung

Da unser Gehirn mit nur 40 Bits pro Sekunde eine eingeschränkte Verarbeitungskapazität hat, hängt das, was wir
wahrnehmen, auch davon ab, worauf wir unsere Aufmerksamkeit richten. Es kann durchaus passieren, dass wir selbst
größere Veränderungen an den Objekten in unserer Umge-
bung nicht registrieren. Die so genannte Veränderungs-
blindheit wird von Levin and Simons in einem eindrucks-
vollen Experiment nachgewiesen: Ein Mann fragt einen Pas-
santen nach dem Weg. Während der Passant ihm den Weg
erklärt, wird zwischen den beiden eine große Tür vorbeige-
tragen. Der Fragende, ein „Komplize" des Versuchsleiters,
versteckt sich hinter der Tür und wird gegen einen anderen
Mann ausgetauscht – ohne dass der Passant etwas davon
merkt. Der Passant bemerkt nicht, dass er mit einem völlig
anderen Menschen weiterspricht.

Selbst Gorillas werden ignoriert Auch kann es passieren, dass wir sogar Objekte selbst nicht
wahrnehmen, weil unsere Aufmerksamkeit auf etwas ande-
res gerichtet ist. Die Studie *Gorillas in unserer Mitte* von Simons und Chabris an der University of Illinois beweist, dass
Menschen selbst eine vorbeigehende Person im Gorilla-
kostüm übersehen können. Die Ergebnisse der Untersuchung legen nahe, dass die Wahrscheinlichkeit, ein unerwartetes Objekt zu bemerken, sowohl von der Ähnlichkeit dieses
Objekts mit den anderen präsentierten Objekten als auch von
der Schwierigkeit der ursprünglichen Beobachtungsaufgabe
abhängt.

Die Tatsache, dass unsere auditive Wahrnehmung von unserer Aufmerksamkeit gesteuert wird, ist schon lange bekannt.
Stellen Sie sich vor, Sie befinden sich auf einer gut besuchten
Party, auf der es recht laut zugeht. Sie stehen mit einer Gruppe von Menschen zusammen und sind von anderen Personen-
gruppen umgeben. Welchem Gespräch werden Sie
zuhören? Trotz des Lärms können Sie sich entscheiden, ent-

weder dem Gespräch hinter Ihnen oder dem vor Ihnen zu folgen. Jedoch, egal wie Sie sich entscheiden: Sie können nur einem der Gespräche folgen. Das andere können Sie nicht mehr aufnehmen. Wird jedoch von irgendeiner Person im Raum Ihr Name ausgesprochen, tritt der so genannte „Cocktail-Party-Effekt" ein: Sie nehmen Ihren Namen unabhängig von der bisherigen Aufmerksamkeit sofort wahr und werden von der Wahrnehmung des bisherigen Gesprächs abgelenkt. Genauso geht es jedem von uns mit bisher „ausgeschalteten" Nebengeräuschen, wie z. B. Lüftungen oder Straßenlärm. Macht uns jemand auf diese Geräusche aufmerksam, nehmen wir sie plötzlich ganz bewusst und vielleicht sogar störend wahr.

Der „Cocktail-Party-Effekt"

Dasselbe gilt für kinästhetische Signale. Oder waren Sie sich bisher darüber bewusst, was Sie genau in diesem Moment fühlen, wie Ihr Körper auf der Unterlage aufliegt, wo er verkrampft oder locker ist, ob Sie hungrig oder durstig sind? Wahrscheinlich nicht bis zu diesem Augenblick, in dem wir Ihre Aufmerksamkeit genau darauf gelenkt haben!

Ziele, Interessen und Bedürfnisse beeinflussen die Richtung unserer Aufmerksamkeit: Wir erleben eine Gesprächssituation anders in einem beruflichen als in einem privaten Zusammenhang, wenn wir etwas erreichen wollen oder wenn wir nur zufällig mit jemandem ins Gespräch kommen, ob wir uns entspannen oder aktiv sein wollen. Unbewusste Ziele, Interessen und Bedürfnisse entstehen häufig aus unbewussten körperlichen und emotionalen Zuständen.

Der Gefühlszustand

Wie wir uns fühlen, ist abhängig von körperlichen und emotionalen Umständen. Manchmal sind uns unsere Gefühle bewusst, häufig genug jedoch unbewusst. Dass der jeweilige Gefühlszustand sich auf das auswirkt, was wir wahrnehmen, lässt sich anhand unzähliger Studien belegen. Hier überzeugt aber schon die Beobachtung eigenen wie fremden Verhaltens:

Wie nehmen wir unter verschiedenen Umständen wahr?

- Wie anders sieht die Welt durch die sprichwörtlich „rosarote Brille" der Verliebten aus?
- Auf was achten Sie beim Einkauf, wenn Sie mit leerem oder mit vollem Magen unterwegs sind?
- Was nehmen Sie wahr, wenn Sie morgens gut gelaunt aufwachen, was, wenn Sie mit dem falschen Fuß aufgestanden sind?
- Was registriert wohl jemand, der panische Angst hat, und was einer, der gelassen in sich ruht?
- Lernen Sie leichter, wenn Sie Spaß am Inhalt haben oder wenn das Thema Sie kaum interessiert?
- Und nicht zuletzt: Was nehmen Sie an einem Menschen wahr, in dessen Nähe Sie sich wohlfühlen, was an jemandem, dem Sie lieber nicht zu nahe kommen?

Es ist offensichtlich, und dennoch vergessen wir es leider allzu oft: Unser Gefühlszustand beeinflusst massiv die Art unserer Wahrnehmung. Dies hat entwicklungsgeschichtlich gesehen durchaus einen Sinn, denn es befähigt den Menschen, aus der Vielzahl der zur Verfügung stehenden (12 Millionen) Reize diejenigen zu selektieren, die für das Überleben oder die Entwicklung notwendig sind: Bei Hunger richtet sich unsere Aufmerksamkeit auf Nahrungsmittel, bei Angst konzentriert sich alle Energie auf Flucht und bei gutem und ausgeglichenem Befinden auf neue Lernmöglichkeiten und Entwicklungschancen.

Der Wissensstand

„Man sieht nur das, was man weiß."

JOHANN WOLFGANG VON GOETHE

Dieses Zitat von Goethe umschreibt die Tatsache, dass auch unser Wissen die Auswahl unserer Wahrnehmungen beein-

46

flusst. Was wir nicht kennen, lassen wir nicht in unser Bewusstsein. In dem Film *What the Bleep do we know?* finden wir ein schönes Beispiel. Hier wird die Ankunft der spanischen Schiffe auf den Inseln vor Amerika dargestellt. Die Ureinwohner glauben, „Götter" seien aus dem Nichts aufgetaucht. Die einfache Erklärung dieser Fantasie: Im Gegensatz zu uns kannten die Ureinwohner Amerikas keine Schiffe. Deshalb haben sie auch keine Schiffe am Horizont kommen sehen. Diese drangen einfach nicht in ihr Bewusstsein. Die Menschen der heutigen Zeit wissen, dass es Schiffe gibt, und würden dementsprechend auch ihre Ankunft wahrnehmen. Viele Beispiele für dieses Phänomen gibt es auch im täglichen Leben:

- Wer noch nie einen Dalmatiner gesehen hat und nicht weiß, dass es ihn gibt, kann auch keinen Dalmatiner in der Abbildung 2 erkennen, selbst wenn man ihm sagt, dass das Bild einen solchen zeigt.
- Wer nicht weiß, dass es am Himmel, Sterne, Planeten, Exoplaneten, Monde, Kometen, Satelliten und noch einige andere Himmelskörper gibt, sieht dort nur Sterne.
- Wem nicht bekannt ist, dass sich in der Sprache ausdrückt, mit welchem unserer fünf Sinne wir gerade wahrnehmen, hat diesbezüglich wahrscheinlich noch nie Unterschiede bemerkt. (Das werden Sie aber bald tun, wenn Sie das vierte Kapitel gelesen haben!)

Das Wissen um die Bedeutung des Wissens gibt uns Hinweise für eine neue Sicht auf Gesprächsblockaden; wie sie entstanden sein könnten und wie sie zu lösen sind. Häufig sind es Missverständnisse, die auf einem unterschiedlichen Wissensstand beruhen und sich durch die gegenseitige negative Bewertung zu einer Blockade ausweiten.

Franz: *Und was bedeutet das jetzt konkret für einen Konflikt?*
Emil: *Nehmen wir das Beispiel von dem Schulze, der dich ja immer total nervt, weil er so ausführlich erklärt. Was du*

wahrnimmst, hängt davon ab, in welchem Kontext du ihm begegnest, worauf du speziell deine Aufmerksamkeit lenkst, in welchem Gefühlszustand du dich befindest und welchen Wissensstand du hast.

Franz: *Also, Kontext ist normalerweise eine Situation im Büro, wenn ich das Projekt mit ihm besprechen muss. Meine Aufmerksamkeit ist meistens auf schnelles Vorwärtskommen gerichtet, dementsprechend stehe ich gefühlsmäßig etwas unter Strom und mein Wissensstand in Sachen EDV ist viel zu gering, um seinen Ausführungen überhaupt folgen zu können.*

Emil: *Und wie war das, als der Schulze letzte Woche in der Mittagspause in seiner typischen Art erklärt hat, wie man ein Steak so richtig schön zart hinkriegt?*

Franz: *Das war doch was ganz anderes, da ging's ja um nichts. Und das hat mich ja auch wirklich interessiert, du weißt ja, wie gern ich Steak esse. Und außerdem hat er das ja auch ziemlich witzig rübergebracht.*

Emil: *Siehste … Selektive Aufmerksamkeit! Du warst entspannt und interessiert, der Schulze war eigentlich wie immer. Und es hat dich gar nicht gestört, dass er so gründlich erklärt! Das ist gemeint: Du nimmst den Schulze durch deine Wahrnehmungsbrille wahr!*

Franz: *Okay, dann werd ich meine Brille öfter putzen und dann nehme ich den Schulze zukünftig positiver wahr.*

Emil: *Guter Vorsatz. Dazu ist es aber bestimmt auch hilfreich zu wissen, wie schnell dein erster Eindruck deine weitere Wahrnehmung prägt!*

Der erste Eindruck zählt   Die Wahrnehmung wird beeinflusst von den bisher beschriebenen Faktoren und tritt gleichzeitig in Wechselwirkung mit anderen unbewussten Filtern und Interpretationen. Dadurch ergibt sich schnell eine starke Kanalisierung in eine bestimmte Richtung. Ein gutes Beispiel für diesen Prozess ist der erste Eindruck, den wir von einem Menschen erhalten.

Der erste Eindruck, den wir von jemandem gewinnen, entscheidet häufig über den weiteren Verlauf unserer Wahrnehmung und damit über die Beziehung zum anderen. Jeder weiß das im Grunde und dennoch unterschätzen wir dieses Phänomen häufig. Wollen Sie erfahren, wie schnell sich der erste Eindruck ergibt und mit welcher Konsequenz er sich auf die weitere Wahrnehmung auswirkt? Probieren Sie doch einmal folgende Übung:

Übung:

Bitte stellen Sie sich vor, Sie lernen einen Menschen kennen, der sich durch folgende Eigenschaften auszeichnet: unzuverlässig, unpünktlich, flatterhaft, abgehoben, risikofreudig, begeisterungsfähig, innovativ, kreativ, flexibel, spontan, kommunikativ, unbeherrscht, eigensinnig,
Machen Sie sich ein Bild von diesem Menschen. In welchen Situationen möchten Sie ihm begegnen, in welchen eher nicht? In welchem Kontext möchten Sie mit ihm zusammenarbeiten, in welchem lieber nicht? Welche Aufgaben könnte er gut übernehmen, welche nicht? Haben Sie sich ein Bild gemacht?

…

Gut. Dann stellen Sie sich vor, Sie lernen einen zweiten Menschen kennen. Auch hier machen Sie sich bitte ein Bild und Gedanken darüber, unter welchen Umständen, in welchen Situationen Sie ihm begegnen möchten, mit ihm arbeiten möchten oder welche Aufgaben er gut übernehmen könnte. Dieser Mensch hat folgende Eigenschaften: kommunikativ, spontan, flexibel, kreativ, risikofreudig, abgehoben, eigensinnig, unbeherrscht, flatterhaft, unpünktlich, unzuverlässig, innovativ, begeisterungsfähig.

Haben Sie ein Bild? Gut. Dann stellen Sie jetzt diese beiden Menschen nebeneinander und vergleichen Sie Ihre ersten Eindrücke. Sind sie gleich oder verschieden? Wen von beiden möchten Sie kennen lernen, welcher erscheint Ihnen sympathischer und bei welchem werden Sie vorsichtiger sein?

…

Sie haben es bestimmt schon bemerkt: Beide Eigenschaftenlisten sind genau gleich, nur die Reihenfolge ist anders. Dennoch: Innerhalb der kurzen Zeit, in der Sie die Wörter gelesen haben, haben sich Ihre Wahrnehmung und Ihre Interpretation schon so konzentriert, dass Sie – in der Regel – die beiden gleichen Menschen durch verschiedene Brillen sehen.

Franz: *Das ist aber ganz schön manipulativ!*
Emil: *Und wie findest du das?*
Franz: *Gut und schlecht.*
Emil: *Wieso?*
Franz: *Ich finde das gut, weil ich es so leichter habe, indem ich zunächst einmal eine positive Stimmung erzeuge.*
Emil: *Hm, das machen die ja in der Werbung auch dauernd?*
Franz: *Genau, und da finde ich es schlecht, weil die mich nämlich auf die Weise dazu bringen wollen, etwas zu kaufen, was ich gar nicht will.*
Emil: *Aber genau das kann doch dein Gesprächspartner auch denken, dass du ihn dazu bringen willst, etwas zu tun, was er gar nicht will.*
Franz: *Aha, heißt das also, dass Manipulation als schlecht empfunden wird, wenn der Betroffene sozusagen keine Wahl mehr hat?*
Emil: *Ja, so würde ich das zumindest sehen.*
Franz: *Alles klar, um mich vor Manipulation schützen zu können, muss ich ganz genau wissen, was ich will und was nicht und möglichst viele Manipulationstechniken kennen.*
Emil: *Und wenn du den aktiven Part hast, dann schaffst du eine positive Atmosphäre, um einen guten Zugang zum Gesprächspartner zu finden, achtest aber auch darauf, dass er zum Zug kommt.*

Die Wahrnehmung bewusst machen

All diese Phänomene zeigen eindrucksvoll, dass unsere Wahrnehmung ein Konstrukt unseres Gehirns ist. Paul Watzlawick schreibt dazu:

„Aus der Idee des Konstruktivismus ergeben sich zwei Konsequenzen: Erstens die Toleranz für die Wirklichkeit anderer – denn dann haben die Wirklichkeiten anderer genauso viel Berechtigung wie meine eigene. Zweitens ein Gefühl der absoluten Verantwortlichkeit. Denn wenn ich glaube, dass ich meine eigene Wirklichkeit herstelle, bin ich für diese Wirklichkeit verantwortlich."

Wir konstruieren unsere Realität

Weiten Sie Ihren Blick (I)

Wir wollen nicht zu philosophisch werden. Diese beiden Erkenntnisse sind jedoch die wichtigsten, die sich aus dem Wissen um unsere Wahrnehmung ziehen lassen:

- Entwickeln Sie ein Bewusstsein und eine Toleranz für die völlig unterschiedliche Wahrnehmung jedes Menschen. Wenn Sie eine Gesprächsblockade erleben, wenden Sie Methoden an, um Ihre Wahrnehmung zu überprüfen, in Frage zu stellen und gegebenenfalls zu verändern.
- Seien Sie sich darüber im Klaren, dass Sie Ihre Wahrnehmung steuern können. Sie können Ihre Filter auch bewusst einsetzen, um eine Blockade aufzulösen. Entscheiden Sie z. B. ganz bewusst, nur auf die angenehmen Dinge zu schauen.

Hierzu eine kleine Geschichte von Anthony de Mello:
Einem Gast, der sich selbst einen Wahrheitssucher nannte, sagte der Meister: „Wenn du die Wahrheit suchst, musst du vor allem anderen eine Sache besitzen."
„Ich weiß, ein unbezwingbares Verlangen nach Wahrheit."
„Nein. Eine nie nachlassende Bereitschaft zuzugeben, dass du Unrecht haben könntest."

1. Tipp

Gewinnen Sie Zeit, nehmen Sie Abstand (A)

Wenn Sie in einem Gespräch bemerken, dass Sie Ihr Gegenüber nicht verstehen, seine Person und sein Verhalten negativ bewerten und schon auf das nächste negative Anzeichen warten: Gewinnen Sie erst einmal Zeit, indem Sie eine Pause einlegen und Abstand nehmen von Ihrer bisherigen Wahrnehmung, denn diese Art der Wahrnehmung führt unweigerlich zu einem Misserfolg des Gesprächs. Gewinnen Sie Zeit, indem Sie zum Beispiel

- eine Trinkpause einlegen,
- die Sitzhaltung wechseln,
- einmal kurz den Raum verlassen,
- sich zurücklehnen und Luft holen,
- aus dem Fenster schauen und sich kurz auf das konzentrieren, was Sie dort sehen,
- an ein besonders schönes (erfolgreiches, anregendes oder entspannendes) Erlebnis denken.

Ziel dieser Übung ist es, sich aus dem negativen Gefühlszustand, in dem Sie sich befinden und der Ihre Wahrnehmung einschränkt, zu befreien.

Nachts sind alle Katzen grau? Machen Sie Licht! (A)

2. Tipp

„Unser Kopf ist rund, damit unser Denken die Richtung wechseln kann."
FRANCIS PICABIA

Wählen Sie bewusst zielführende und positive Filter aus. Nutzen Sie Ihre Kenntnisse über die Mechanismen der selektiven Wahrnehmung: Bringen Sie sich in einen guten Zustand, indem Sie Ihre Filter sinnvoll einsetzen! Wählen Sie einen angenehmen Wahrnehmungskontext.

Die Aufmerksamkeit bewusst lenken

Verändern Sie willentlich Ihre persönliche Wahrnehmung einer Situation. Richten Sie Ihre Aufmerksamkeit auf positive Aspekte. Wenn Sie jemanden oder etwas an einer Person unsympathisch finden, lenken Sie Ihre Aufmerksamkeit ganz bewusst auf einen oder mehrere positive Eigenschaften dieses Menschen. Dies können ganz einfach äußerliche Merkmale sein, wie Kleidung, Frisur, Augenfarbe oder Stimme. Vielleicht haben Sie aber am anderen auch schon das eine oder andere schätzen gelernt? Oder fragen Sie sich: Was schätzen andere Menschen an Ihrem Gesprächspartner, und konzentrieren Sie sich darauf!

Setzen Sie die Brille des anderen auf (A)

„Großer Geist, steh mir bei, dass ich über keinen Menschen urteile, bevor ich nicht zwei Wochen lang in seinen Mokassins gegangen bin."
                                                    INDIANISCHE WEISHEIT

Im Kapitel 2 haben wir Ihnen den grundsätzlichen Tipp gegeben, zuzuhören. An dieser Stelle möchten wir ihn mit dem Fokus auf der Wahrnehmung noch einmal betonen. Versetzen Sie sich in die Welt Ihres Gesprächspartners. Hören Sie zu, welche Wörter er benutzt, um herauszufinden, in welchem Sinneskanal er sich zurzeit befindet. Versuchen Sie durch Nachfragen wirklich zu verstehen, was er meint, durch welche Wahrnehmungsbrille er die Welt betrachtet und worauf sich momentan seine Aufmerksamkeit richtet. Wie es die alte Indianerweisheit in dieser schönen Metapher ausdrückt, erweitert man das Verständnis für einen Menschen dadurch, dass man seine (Wahrnehmungs-) Welt versteht. Blockaden können Sie auflösen, indem Sie Ihrem Gesprächspartner echtes Verständnis entgegenbringen.

Wechseln Sie die Perspektive (A/I)

Wechseln Sie bewusst die Perspektive! Das Einfachste wäre natürlich, den Platz zu wechseln und wahrhaftig eine neue Sicht auf die Dinge zu bekommen. Dies ist meist nicht so leicht machbar. Eine andere Möglichkeit ist es, die innere

Sichtweise zu verändern. Gehen Sie aus sich heraus und betrachten Sie die ganze Situation einmal von außen.

Übung:

Sich selbst von außen betrachten

Stellen Sie sich vor, Sie sähen sich und Ihrem Gesprächspartner zu, wie Sie sich gerade unterhalten:

- Was würden Sie sehen, hören, fühlen?
- Was in Ihrem Verhalten bringt Ihren Gesprächspartner auf die Palme?
- Und was im Verhalten Ihres Gegenübers macht Sie rasend?
- Welche positive Absicht verfolgt Ihr Gesprächspartner?
- Welche positive Absicht verfolgen Sie?
- Was würden Sie sich selbst raten, um zu diesem Ziel zu gelangen?
- Was würde Ihr bester Freund Ihnen in dieser Situation raten?

Diese Übung können Sie durchführen mit einer bereits vergangenen Gesprächssituation, die schiefgelaufen ist. Wenn Sie sich die Fragen beantworten, bekommen Sie eine neue Sichtweise von der Lage und Ihrem Gesprächspartner und können wertvolle Hinweise erhalten, wie Sie sich in einem Folgegespräch mit diesem Partner möglicherweise anders verhalten. Mit etwas Übung können Sie diesen Perspektivwechsel später auch während eines Gesprächs vollziehen.

Putzen Sie Ihre Wahrnehmungsbrille (I)

Sie haben jetzt viel über die Unterschiedlichkeit der Wahrnehmung gelesen. Fragen Sie sich, ohne zu bewerten:

- Wie nehme ich wahr? Bin ich eher ein visueller, auditiver oder kinästhetischer Typ (siehe auch nächstes Kapitel)?
- Was nehme ich stets wahr und was nehme ich meistens nicht wahr?
- Wo schränke ich meine Wahrnehmung ein?
- Wo bin ich besonders empfindsam in meiner Wahrnehmung?

Wenn Sie sich selbst nicht so gut einschätzen können, fragen Sie nach Feedback von Ihren Freunden und Kollegen: Wie wirken Sie auf andere? Was nehmen Sie anders als andere wahr? Tauschen Sie sich intensiv mit anderen aus. Finden Sie heraus, wie andere die Welt sehen. Erkennen Sie, welche Wahrnehmungsbrille Sie üblicherweise selbst aufhaben, um zu erfahren, an welchen Stellen Sie „Scheuklappen" haben und wo Sie Ihre Wahrnehmungsbrille eventuell putzen könnten.

Überschreiten Sie die rote Linie (I)

Wenn Sie wissen, wo Ihre Komfortzone in der Wahrnehmung liegt, können Sie entscheiden, wie weit und an welchen Stellen Sie „wahrnehmungstechnisch" die rote Linie überschreiten wollen. Hier einige Vorschläge:

- Gehen Sie mal in den Schuhen eines anderen! Nehmen Sie die Welt mit den Sinnesorganen eines anderen wahr. Wenn Sie Kinder haben, begeben Sie sich in die Perspektive eines Ihrer Kinder.
- Wenn Sie Musik normalerweise „als Ganzes" hören, achten Sie einmal auf unterschiedliche Instrumente und wie sie die Melodie führen. Oder bemühen Sie sich umgekehrt, ein Musikstück als Einheit zu erfassen.
- Wechseln Sie den Haupt-Sinneskanal: Wenn Sie sich normalerweise auf Ihre Augen verlassen, achten Sie auf Geräusche, Stimmen und sonstige tonale Kommunikationssignale. Oder auf Bewegung, Berührung und andere kinästhetische Zeichen. Und andersherum.

Die Wahrnehmungsbrille wechseln

Diese Übungen befähigen Sie, sich in eine andere Person besser hineinzuversetzen. Das kann gerade in einer Gesprächsblockade sehr hilfreich sein. Denn Sie erkennen so leichter, in welcher Wahrnehmungswelt der andere sich befindet und wo eventuell Missverständnisse entstehen könnten oder schon entstanden sind. Diese lassen sich dann gezielt aus dem Weg räumen.

Franz: *Also, da bin ich doch total überfordert, wenn ich das alles mache. Ich hab ja schließlich bloß 40 Bits pro Sekunde.*

Emil: *Und jetzt?*

Franz: *Bleib ich erst mal ganz gelassen, und dann mach ich mir ne Liste.*

Emil: *Was für eine Liste denn?*

Franz: *So eine Art Checkliste. Die hole ich dann raus, wenn es zu einer Gesprächsblockade kommt.*

Emil: *Im Gespräch?*

Franz: *Ja natürlich, ich muss doch erst mal klären, woher der Konflikt kommt.*

Emil: *Ich glaube, dass es nur in den wenigsten Fällen sinnvoll ist, wenn du eine solche Liste während des Gesprächs herausholst. Wenn du der Typ bist, der mit Checklisten gut arbeiten kann, dann probier's doch einfach aus.*

Anmerkung der Autorinnen: Wir persönlich haben uns gegen eine Checkliste entschieden, weil dadurch die Gefahr entsteht, dass im Gespräch weniger darauf geachtet wird, was im Augenblick wirkt. Stattdessen wird möglicherweise versucht, die Äußerungen und das Verhalten des Gesprächspartners einzuordnen.

4 „Da ist Hopfen und Malz verloren, der kann ja nicht mal zuhören …"

„Man soll Fische nicht mit Erdbeeren und Schlagsahne ködern, bloß weil man selbst gern Erdbeeren und Schlagsahne isst."

DALE CARNEGIE

Gesprächsblockaden entstehen oft dann, wenn der Gesprächspartner sich anders verhält, als wir es erwarten oder gewohnt sind. Die Erwartung zum Beispiel, dass „man" zuhören sollte, wird von sehr vielen Menschen geteilt. Deshalb haben auch 64 % der Befragten angegeben, dass es sie nervt, wenn man ihnen nicht zuhört. Interessant ist dabei, dass wir die Erwartungen, die wir gegenüber anderen hegen, oft selbst nicht erfüllen. Das ist einer der Gründe, warum das Zuhören so eine große Herausforderung darstellt. Sie haben es bestimmt schon einmal erlebt, dass jemand Sie dringend bittet, aussprechen zu dürfen, Sie dann später aber ständig unterbricht. Vielleicht haben Sie auch schon einmal den Eindruck gewonnen, dass Ihr Gesprächspartner Ihnen nicht zugehört hat, weil er anders als erwartet auf Ihre Ausführungen reagiert hat? Oder Ihr Gegenüber geht gar nicht auf das ein, was Sie gesagt haben? In diesem Fall glauben wir ebenfalls, dass der andere nicht zuhört und stattdessen sein nächstes Argument vorbereitet, während wir sprechen.

Unerwartetes verwirrt

Wenn der Gesprächspartner stur auf seiner Meinung beharrt, nervt das 17 % der von uns befragten Personen. Natürlich gehen wir davon aus, dass wir gute, überzeugende Argumente vortragen, und erwarten vom Partner, dass er diese auch annimmt. Aus unerwarteten Reaktionen, zum Beispiel bei Gedankensprüngen, schließen wir dann schnell, dass der andere uns nicht zuhört und/oder stur auf seiner Ansicht besteht. Je nachdem, wie stark unsere Erwartungen enttäuscht werden, kann das Gespräch schwierig werden und ein Konflikt oder zumindest innerlicher Stress entstehen.

Wie Erwartungen wirken

Eine ganz grundsätzliche Erwartung besteht darin, dass der andere genauso denkt, fühlt, reagiert und wahrnimmt wie wir. Viel wahrscheinlicher ist es allerdings, dass unser Gesprächspartner anders denkt, fühlt, reagiert und wahrnimmt, worauf wir bereits im Kapitel über die Wahrnehmung eingegangen sind.

Erwartungen lenken die Wahrnehmung

In der Abbildung 1 auf Seite 18 haben wir die enge Verknüpfung zwischen dem, was wir für „wahr" nehmen, und den Erwartungen, die wir haben, dargestellt. Wenn unsere Erwartungen also Einfluss auf unsere Wahrnehmung haben, dann ist es sinnvoll, aktiv damit umgehen zu können.

Im Vorhergehenden ist deutlich geworden, dass Zuhören mehr bedeutet als zu hören, was der andere sagt, mehr, als ihn nicht zu unterbrechen. Je besser es uns gelingt, uns in die Wahrnehmungswelt des Gesprächspartners zu begeben, desto eher nimmt dieser wahr, dass wir zuhören und verstehen. Das wiederum vermittelt ihm Wertschätzung und Akzeptanz und hilft Gesprächsblockaden zu vermeiden.

Um mit den eigenen Erwartungen aktiv umgehen zu können und sie eventuell gezielt zu verändern, sollte man sie zunächst an die Oberfläche holen und sie sich bewusst machen. Wie im vorigen Kapitel erwähnt, erwarten wir, solange wir es nicht besser wissen, dass jeder dieselben Wahrnehmungspräferenzen hat wie wir. Deshalb gehen wir hier noch einmal speziell auf die unterschiedlichen Präferenzen ein und darauf, wie man diese erkennen und nutzen kann.

Unsere Werte, Einstellungen und Glaubenssätze bestimmen, welche Erwartungen wir haben. Wir werden genauer betrachten, wie diese entstehen. Unsere Erwartungen spiegeln wider, was für uns „normal" ist. Im Abschnitt *Erlernte Normalität* wird gezeigt, dass das, was für uns aufgrund unserer Erfahrungen und Prägungen selbstverständlich ist, keineswegs für alle anderen gilt.

Jeder lebt mit eigenen Selbstverständlichkeiten

Eine besondere Wirkung auf uns haben auch die Erwartungen, die von anderen an uns herangetragen werden. Sind diese Erwartungen in sich widersprüchlich, dann spricht man von so genannten *Double Binds*. Diese sind bedeutsam, weil sie sehr schnell zu Gesprächsblockaden führen können und von beiden Gesprächspartnern oft gar nicht erkannt werden.

Wahrnehmungspräferenzen erkennen
Es gibt verschiedene Möglichkeiten herauszufinden, welche Wahrnehmungspräferenz Sie selbst haben. Sie können zum Beispiel darauf achten, wie häufig Sie visuelle, auditive oder kinästhetische Begriffe benutzen. Unsere Wahrnehmungspräferenzen spiegeln sich in unserer Sprache wider, da wir aus unserer Wahrnehmungswelt heraus kommunizieren. Das gilt natürlich auch für Ihren Gesprächspartner.

■ Nehmen wir besonders über die Augen wahr (visuell), erkennen wir in der Sprache viele Bilder und Bezeichnun-

Die Sinneskanäle in der Sprache

gen, die visuelle Erlebnisse widerspiegeln. Beispiel: *„Ich sehe das sehr positiv."*

▨ Bevorzugen wir den auditiven Kanal, nehmen wir also vieles über die Ohren auf, entsprechen die Formulierungen, die wir wählen, den inneren Hörerlebnissen. Die Wortwahl *„Das hört sich für mich gut an"* deutet auf eine auditive Wahrnehmungspräferenz hin.

▨ Bei Menschen, die sich besonders im kinästhetischen Kanal zu Hause fühlen, lässt sich dies ebenfalls gut an der Wortwahl erkennen. Zum Beispiel: *„Dabei habe ich ein wirklich gutes Gefühl."*

▨ Womöglich entwickeln Sie bald eine Nase dafür, wenn jemand aus dem olfaktorischen Kanal heraus sendet und empfängt. Zum Beispiel: *„Das stinkt mir."*

▨ Menschen mit gustatorischer Wahrnehmung, die sozusagen auf der Zunge stattfindet, zeigen im Gespräch häufig Kiefer- und Schluckbewegungen und formulieren auch Geschmackserlebnisse. Zum Beispiel: *„Dieser Vorschlag schmeckt mir überhaupt nicht."*

Menschen mit ähnlicher Wahrnehmungspräferenz verstehen sich häufig schneller und leichter als Menschen mit unterschiedlicher Wahrnehmungspräferenz.

„Übersetzungsprobleme" berücksichtigen

Angenommen, jemand mit auditiver Wahrnehmungspräferenz sagt zu jemandem mit visueller Präferenz: *„Das sagt doch gar nichts aus."* Es kann durchaus sein, dass der Kollege mit dieser Aussage nur wenig anfangen kann, weil er sich ganz anders ausdrücken würde, z. B.: *„Das scheint mir doch völlig unklar."* Beide sprechen zwar von Zweifeln und Unverständnis, aber der eine „hört", der andere „sieht" es. Sie bewegen sich in unterschiedlichen Wahrnehmungswelten. Um sich zu verstehen, müssen beide das Gesagte übersetzen. Bei einer störungsfreien Beziehungsebene funktioniert das meist ganz gut, es braucht lediglich etwas Zeit. Ist die Beziehungsebene allerdings gestört, können unterschiedliche Wahrnehmungspräferenzen zu einer Gesprächsblockade oder zu einer weiteren Verschlechterung der Beziehung führen.

Kommen wir noch einmal auf das Beispiel aus der Hitliste der nervigsten Kommunikationsmuster zurück: „Da ist Hopfen und Malz verloren, der kann ja nicht mal zuhören …" Der auditive Typ erwartet, dass der Gesprächspartner ähnliche Worte benutzt wie er selbst. Ist sein Gegenüber ein visueller Typ, der „bildhaft" wiedergibt, was er aufgenommen hat, dann kann es sein, dass der Auditive verstimmt ist. Er fühlt sich unverstanden, obwohl der Visuelle sehr aufmerksam zugehört hat.

Franz: *Weißt du was, das ist mir tatsächlich schon mal passiert.*
Emil: *Ja, bei wem denn?*
Franz: *Das ist schon ziemlich lange her, das war mein ehemaliger Chef. Der hat dauernd davon gesprochen, wie er die Dinge sieht, was er sich vorstellt, welche Betrachtungsweise die richtige ist und so weiter.*
Emil: *Und du?*
Franz: *Ich hatte richtig Probleme damit. Eigentlich fand ich ihn ganz sympathisch, aber ich musste immer ganz genau hinhören, um zu verstehen, was er sagt.*
Emil: *Ah ja, alles klar, ich glaub, du bist der auditive Typ.*
Franz: *Stimmt, ich bin der Hör-Typ. Ich spreche eher davon, dass sich ein Vorschlag gut anhört oder mir etwas zusagt und so weiter. Es ist bestimmt gar nicht so einfach, sich auf die Wahrnehmungspräferenz eines anderen einzustimmen.*
Emil: *Ja, ja, Einstimmen ist auch schon wieder auditiv.*
Franz: *Stimmt. Visuell wäre sich auf eine andere Wahrnehmungspräferenz fokussieren, oder?*
Emil: *Richtig. Kinästhetisch wäre sich auf eine andere Wahrnehmungspräferenz einstellen.*
Franz: *Oder sich in die Wahrnehmungspräferenz eines anderen hineinversetzen, aber zu olfaktorisch und gustatorisch fällt mir jetzt echt nichts ein.*

Emil: *Diese beiden Wahrnehmungspräferenzen sind sowieso nicht so weit verbreitet. Vielleicht würde ein olfaktorischer Typ davon sprechen, dass er ein Näschen für die Wahrnehmungspräferenz seines Gesprächspartners hat. Zum gustatorischen fällt mir aber jetzt auch nichts ein.*
Franz: *Sag mal, ist es denn immer so, dass die Menschen eine klare Wahrnehmungspräferenz haben?*
Emil: *Nein, es gibt da alle möglichen Mischformen. Und bei der Entstehung von Gesprächsblockaden spielt der Stresskanal noch eine recht große Rolle.*
Franz: *Ach so, ich sehe schon, das kommt als Nächstes.*

Unterschiedliche individuelle Wahrnehmungspräferenzen und deren *Widerspiegelung, Widerhall, Wiederauftauchen* in der Sprache können zu Gesprächsblockaden führen, weil man glaubt, dass der Partner nicht zuhört, oder das Gefühl hat, aneinander vorbeizureden.

Den Stresskanal erkennen Darüber hinaus spielt auch der so genannte Stresskanal eine Rolle, wenn es zu Konflikten kommt. Man hat herausgefunden, dass sich bei den meisten Menschen eine andere Wahrnehmungspräferenz in der Sprache zeigt, je nachdem, ob sie von angenehmen oder unangenehmen Erlebnissen oder Situationen erzählen. Für den Umgang mit Gesprächsblockaden lässt sich daraus Folgendes ableiten:

Wenn Ihr Gesprächspartner plötzlich seine Wahrnehmungspräferenz wechselt, kann das bedeuten, dass er/sie unter Stress geraten ist. Den besten Zugang zum Gegenüber finden Sie, wenn Sie auf seinem Wohlfühl-Kanal senden, weil er Sie so am ehesten versteht. Fühlt Ihr Gesprächspartner sich wohl, ist es nicht so entscheidend, auf welchem Kanal Sie selbst sind. Hat Ihr Gesprächspartner in den Stresskanal gewechselt, kann es kritisch sein, wenn Sie selbst ebenfalls in diesen Kanal gehen. Darüber hinaus ist zu vermuten, dass eine massive Überfrachtung auf dem Stresskanal eine Gesprächsblockade auslösen kann. Menschen mit auditivem Stresskanal blocken möglicherweise eher, wenn man sie sehr wortreich zu überzeugen versucht. Bietet man einem Menschen mit visuellem Stresskanal ein Feuerwerk an Bildern, Folien, Flyern usw. an, dann wird ihm das eventuell zu viel und er reagiert überfordert. Menschen mit kinästhetischem Stresskanal blocken eventuell schneller ab, wenn man ihnen körperlich zu nahe kommt, ihnen etwa die Hand auf Schulter oder Arm legt.

Werte, Einstellungen und Glaubenssätze

Die *Werte* eines Menschen machen deutlich, was ihm wichtig ist, sie sind eng mit der Persönlichkeit verbunden und relativ stabil.

Die *Einstellung* bestimmt, wie eine Person, eine Idee, ein Sachverhalt usw. bewertet wird. Man bezeichnet die Einstellung oft auch als persönliche Meinung. Je mehr individuelle Erfahrungen die Basis für die Einstellung bilden, desto stabiler ist sie. Sie baut auf den Werten auf.

Glaubenssätze sind Grundannahmen, die sich in unserem inneren Dialog widerspiegeln, etwa: *„Es wird einem nichts geschenkt."* Sie sind in der Regel in der Kindheit erlernt worden und drücken aus, was wir von uns selbst halten und welche Regeln wir unserem Leben geben.

Werte, Einstellungen und Glaubenssätze sind eng miteinander verwoben. Insbesondere Einstellungen und Glaubenssätze sind nicht so leicht voneinander zu trennen. Werte, Einstellungen und Glaubenssätze bilden einen sehr starken Wahrnehmungsfilter, sie können sogar dazu führen, dass bestimmte Erfahrungen verleugnet oder umgedeutet werden. Und sie wirken auf unsere Erwartungen an uns selbst und an andere.

Wie Glaubenssätze wirken

Angenommen, jemand hat den Glaubenssatz: „*Nur wer sich redlich bemüht, wird Erfolg haben.*" Sich redlich bemühen bedeutet für diesen Menschen, fleißig zu sein und viel zu lernen, was eine positive Einstellung zum Lernen nach sich zieht. Und da „Erfolg" für ihn einen hohen Wert darstellt, lernt er während seines Studiums immer sehr viel und sehr emsig. Eines Tages schreibt er eine Klausur, kurz nachdem er für mehrere Wochen mit einer schweren Grippe im Bett gelegen hat und gar nicht in der Lage war zu lernen. Und entgegen seinem eigenen Glaubenssatz besteht er die Klausur mit einer befriedigenden Note. Die Wahrscheinlichkeit, dass er behauptet, das sei Zufall gewesen oder die Klausur ganz besonders leicht oder …, ist sehr groß (vgl. auch *Attributionstheorie* im Kapitel 6).

Wie kommt es nun zu Werten, Einstellungen und Glaubenssätzen?

Wie Werte und Glaubenssätze entstehen

Zunächst einmal wachsen wir mit den Werten, Einstellungen und Glaubenssätzen der uns umgebenden Personen auf. Unsere Eltern, Großeltern, Lehrer und alle Erwachsenen, mit denen wir häufiger zu tun haben, beladen uns mit dem, was sie selbst glauben und für wichtig halten. Irgendwann beginnen wir möglicherweise, diese Werte zu beleuchten und zu hinterfragen. Bis zu diesem Zeitpunkt übernehmen wir meist völlig unbewusst, was die Erwachsenen uns vorleben.

Darüber hinaus machen wir unsere eigenen Erfahrungen, die so intensiv sein können, dass sie uns sehr stark prägen. Insbesondere Erfahrungen, die mit starken positiven oder negativen Gefühlen gekoppelt waren, bleiben manchmal für den Rest unseres Lebens wirksam, wenn sie nicht aufgedeckt werden. Ein Detail der früheren Situation kann die heutige Wahrnehmung und so unsere Stimmung und unsere Erwartungen beeinflussen. Zum Beispiel hat vielleicht unser Gesprächspartner eine ähnliche Stimme wie ein ehemaliger Lehrer, vor dem wir große Angst hatten.

Wir lernen, dass wir mit unseren Werten, Einstellungen und Glaubenssätzen gut durchs Leben kommen. Sie schützen uns vor Gefahren und machen uns erfolgreich. Sie bilden die Grundlage unseres Verhaltens und sind auch Basis dafür, wie wir andere bewerten. Jeder Mensch hat also einen großen individuellen Schatz an Werten, Einstellungen und Glaubenssätzen, die seine Wahrnehmung, seine Erwartungen und selbstverständlich auch seine Kommunikation prägen.

Gesprächsblockaden entstehen insbesondere dann, wenn unsere Werte, Einstellungen und Glaubenssätze verschieden sind oder unterschiedlich bewertet werden.

Ein Beispiel: Für einen der Gesprächspartner stellt „persönliche Eigenständigkeit" einen hohen Wert dar, für den anderen ist es ausgesprochen wichtig, hilfsbereit zu sein. Diese unterschiedlichen Werte können schnell zu einer Störung führen. Während der eine sich möglicherweise durch die Hilfsbereitschaft des Gegenübers bedrängt fühlt, wird umgekehrt das zu dem Wert „persönliche Eigenständigkeit" passende Verhalten als mangelnde Hilfsbereitschaft ausgelegt.

Erlernte Normalität

„Die Fesseln der Gewohnheit sind meist so fein,
dass man sie gar nicht spürt. Doch wenn man sie dann spürt,
sind sie schon so stark, dass sie sich nicht mehr zerreißen
lassen."

SAMUEL JOHNSON

Während es sich bei Werten, Einstellungen und Glaubenssätzen eher um Einzelbetrachtungen handelt, stellt die *er-*

lernte *Normalität* eine Art Zusammenfassung all dieser Phänomene dar. Hier fließen auch die bisher gemachten Erfahrungen und vor allem unsere Gewohnheiten mit ein. Bei der erlernten Normalität spielt darüber hinaus die Gruppenzugehörigkeit eine Rolle, zum Beispiel die Zugehörigkeit zu einer Familie, Glaubensgemeinschaft, Nation und verschiedenen selbst definierten Gruppen. Denken Sie an die Werbung: *„Du Papa, ich will auch so ein Spießer werden."*

Die erlernte Normalität enthält alles, was für uns selbstverständlich ist, weil wir damit aufgewachsen sind. Folgendes Beispiel illustriert das: Eine Brasilianerin, die im Winter Deutschland besuchte, fragte ihren Gastgeber bei einem Waldspaziergang, wie lange denn der Brand her sei. Nach kurzer Irritation stellte sich heraus, dass sie wie selbstverständlich davon ausgegangen, dass nur ein Brand die Ursache dafür sein konnte, dass die Bäume keine Blätter hatten.

Franz: *Ich habe auch noch ein Beispiel für erlernte Normalität, ein ziemlich witziges. Hab ich mal bei Watzlawick gelesen. Ich muss mal sehen, ob ich das alles noch so richtig auf die Reihe kriege. … Es gibt offenbar sehr deutliche Unterschiede im Flirtverhalten von Engländern und Amerikanern. Bei den Amis dauert es bis zum ersten Kuss wohl relativ lange. Aber danach geht es dann gleich richtig zur Sache. Bei den Engländern kommt es eher ziemlich schnell zum Küssen. Dann aber kann es noch lange dauern, bis der nächste Schritt folgt.*

Emil: *Na, dann sind die englischen Mädchen aber bestimmt ganz schön irritiert, wenn sie mit einem Amerikaner ausgehen. Die fragen sich wahrscheinlich spätestens nach dem zweiten Date, warum der Typ sie nicht küsst.*

Franz: *Genau, und wenn sie selbst den ersten Schritt machen, dann schauen sie kurze Zeit später irritiert, weil es dann plötzlich mit der vermeintlichen Schüchternheit vorbei ist.*

Emil: *Und die amerikanischen Mädchen wundern sich, dass die englischen Jungs sie immer gleich küssen wollen. Das verstehen sie dann auch ganz falsch und machen sofort den nächsten Schritt.*

Franz: *Und hinterher heißt es dann, die Engländerinnen seien wesentlich freizügiger als die Amerikanerinnen oder umgekehrt. Bloß weil sie keine Ahnung von der erlernten Normalität ihres Gegenübers haben.*

Innerhalb einer Familie, Gruppe, Kultur ist die Wahrscheinlichkeit, auf eine ähnliche erlernte Normalität zu treffen, höher als außerhalb. Mit einer anderen erlernten Normalität umzugehen, erfordert eine Bereitschaft zum Austausch. Ist diese Bereitschaft nicht vorhanden oder wird die „Normalität" des anderen pauschal negativ bewertet, dann ist die Gesprächsblockade programmiert.

Wir alle haben ein Bild von uns selbst, das tendenziell eher positiv ist. All das, was wir an uns nicht mögen, projizieren wir gern auf andere, wie Sie weiter hinten noch lesen werden. Unser Selbstbild und das Bild, das andere von uns haben, nämlich das Fremdbild, weisen manchmal erhebliche Unterschiede auf. Das kann zum einen daran liegen, dass wir bestimmte Informationen schlicht für uns behalten, so dass der andere uns nicht „korrekt" einschätzen kann. Zum anderen spielt hier der *Blinde Fleck* eine große Rolle, der alle Informationen enthält, die wir selbst bisher an uns nicht wahrgenommen haben und über die uns noch niemand eine Rückmeldung gegeben hat.

Selbstbild und Fremdbild

Das so genannte *Johari-Fenster,* benannt nach den Autoren Joe Luft und Harry Ingham, zeigt vier generelle Verhaltensbereiche von Menschen, die dadurch gekennzeichnet sind, wer welche Informationen besitzt.

	Mir selbst bekannt	Mir selbst nicht bekannt
Anderen nicht bekannt	*Privater Bereich* ist der Bereich des Verhaltens, der mir bekannt und bewusst ist, den ich aber anderen nicht bekannt gemacht habe oder machen will. Dieser Teil des Verhaltens ist für andere verborgen oder versteckt.	*Unbewusster Bereich* erfasst Vorgänge, die weder mir noch anderen bekannt sind und sich in dem Bereich bewegen, der in der Psychologie unbewusst genannt wird.
Anderen bekannt	*Öffentlicher Bereich* ist der Bereich der freien Aktivität, der öffentlichen Sachverhalte und Tatsachen, wo Verhalten und Motivationen sowohl mir selbst als auch anderen bekannt sind.	*Blinder Fleck* ist der Teil des Verhaltens, der für andere sichtbar und erkennbar ist, mir selbst hingegen nicht bewusst. Vor allem nicht (mehr) bewusste Gewohnheiten fallen hierunter.

Tabelle 2:
Das Johari-Fenster

Speziell in den Bereichen „Privater Bereich" und „Blinder Fleck" liegt jede Menge Zündstoff für Gesprächsblockaden. Ein Beispiel: Sie können es überhaupt nicht leiden, wenn man Ihnen in Diskussionen beschwichtigend die Hand auf den Arm legt. Das ist für Sie ein echter Hot Button. Bisher haben Sie das immer für sich behalten. Diese Tatsache liegt also im privaten Bereich. Eine Kollegin legt anderen Menschen in vielen Situationen freundschaftlich die Hand auf den Arm. Darüber macht sie sich keine Gedanken. Das ist für sie normal. Und es hat ihr noch nie jemand gesagt, dass sie das häufig tut. Dieses Verhalten liegt also in ihrem blinden Fleck. Sie ahnen vielleicht, wie kompliziert es werden kann. Denn die Gesprächspartnerin weiß in diesem Fall weder, was den anderen stört, noch, dass sie dieses Verhalten zeigt!

Double Binds

Widersprüchliche
Erwartungen

Double Binds sind sich widersprechende Erwartungen. Charakteristisch für ein Double Bind ist seine Unerfüllbarkeit.

Damit ist gemeint, dass es unmöglich ist, dem Anspruch des Gesprächspartners gerecht zu werden. Denn unterschwellig werden gegensätzliche Erwartungen an das Gegenüber gestellt.

Es gibt verschiedene Formen von Double Binds:
- Paradoxe Handlungsaufforderungen
- Verdeckt widerstreitende Interessen
- Paradoxe Informationsübermittlung

Allen drei Formen ist gemeinsam, dass sie den Empfänger in einen inneren Konflikt bringen. Unabhängig davon, ob dieser bewusst wahrgenommen wird oder nicht, wirkt er sich nach außen häufig als Gesprächsblockade aus.

„Wasch mich, aber mach mich nicht nass" und *„Sei spontan"* sind zwei klassische Beispiele für *paradoxe Handlungsaufforderungen*. In beiden Fällen wird der Empfänger handlungsunfähig. Vielleicht haben Sie es schon einmal erlebt, dass Ihr Chef einerseits von Ihnen verlangt, mitzudenken und eigenständig zu handeln, Sie aber andererseits kritisiert, wenn Sie außerhalb der Regeln agieren?

Paradoxe Handlungsaufforderungen

Verdeckt widerstreitende Interessen liegen zum Beispiel vor, wenn der Gesprächspartner weiß, dass der andere ein bestimmtes Verhalten ausschließlich ihm zuliebe zeigt, persönlich aber nicht dahintersteht. Jemand wird sich nicht wirklich darüber freuen, wenn der Partner ihm zuliebe etwas tut, was er freiwillig nie tun würde, und dies verbal oder nonverbal deutlich macht. Ein solches Verhalten läuft letztendlich der Wertschätzung zuwider, obwohl es vordergründig genau das zum Ausdruck bringen soll. Eine verzwickte Situation:

Verdeckt widerstreitende Interessen

Sie wissen beispielsweise, dass Ihr(e) Partner(in) Actionfilme nicht mag. Sie wollen gern gemeinsam ins Kino, haben schon eine ganze Weile darüber diskutiert, welcher Film es sein soll, als

Ihr(e) Partner(in) mit einem gönnerhaften, leicht verbissenen Gesichtsausdruck sagt: „Na gut, wir sehen uns den Actionfilm an." Sie fühlen sich vermutlich nicht wirklich erleichtert, weil Sie sich jetzt schon lebhaft vorstellen können, mit welchem Gesicht er/sie neben Ihnen im Kino sitzen wird. Sagen Sie jedoch etwas dazu, dann bekommen Sie vermutlich folgende Reaktion: „Was willst du denn jetzt noch? Soll ich dir vielleicht auch noch dankbar dafür sein, dass ich dir deinen Wunsch erfüllen darf? Das muss doch wohl eher anders herum sein."

Höchstwahrscheinlich kommt es spätestens jetzt zu einer ausgewachsenen Gesprächsblockade, und aus dem gemeinsamen Kinobesuch wird nichts. So oder ähnlich funktionieren verdeckt widerstreitenden Interessen auch bei Tanz- und Tauchkursen, beim Urlaub an der See oder in den Bergen und wer weiß wo noch.

Paradoxe Informationsübermittlung Umgangssprachlich spricht man bei *paradoxer Informationsübermittlung* von Heuchelei. Dabei werden auf unterschiedlichen Ebenen der Kommunikation sich widersprechende Informationsinhalte übermittelt. Wenn beispielsweise ein Vorgesetzter seinen Mitarbeiter lobt: „Na Müller, das haben Sie ja mal wieder fantastisch hinbekommen" und gleichzeitig die Augen zur Decke dreht, wenn der Mitarbeiter weder seinen Vorgesetzten noch die eigene Leistung konkret und korrekt einschätzen kann, bleibt diese Information widersprüchlich. Würde Müller diese Aussage kritisch hinterfragen, könnte der Vorgesetzte sich darauf zurückziehen, Müller ja nur gelobt zu haben. Müller bleibt auf jeden Fall der Dumme.

Dass zwei sich widersprechende Erwartungen an den Gesprächspartner gestellt werden, macht eine zielführende und klare Kommunikation so gut wie unmöglich und kann natürlich zu erheblichen Störungen führen.

Wir betrachten Double Binds oder Doppelbindungen im Rahmen dieses Buches als einen Erklärungsansatz für das Entstehen von Störungen in alltäglichen Kommunikationssituationen.

Erwartungen an die Oberfläche holen

Grundsätzlich geht es im Sinne einer cleveren Kommunikation darum, erstens die Erwartungen, die man selber hat, bewusst wahrzunehmen und zweitens die Erwartungen, die der Gesprächspartner an einen stellt, so klar wie möglich zu erkennen. Nur dann, wenn uns unsere Erwartungen und die unseres Gesprächspartners bekannt sind, können wir aktiv damit umgehen und diese Erwartungen auch an- und aussprechen, um zu einer Klärung zu gelangen.

Beachten Sie (eigene) Wahrnehmungspräferenzen (A)

Um die eigenen wie auch die Wahrnehmungspräferenzen des Gesprächspartners beachten zu können, ist genaues Zuhören das geeignete Mittel. Achten Sie auf Ihre Wortwahl, die des anderen sowie darauf, wie Ihr Gesprächspartner auf das, was Sie sagen und tun, reagiert.

In einer entspannten Atmosphäre und bei störungsfreier Beziehungsebene sind unterschiedliche Wahrnehmungspräferenzen eher selten der Auslöser für eine Gesprächsblockade. Liegt bereits eine Störung vor oder gerät einer der Kommunikationspartner unter Stress, dann kann sich die Situation bei abweichenden Wahrnehmungspräferenzen schnell zuspitzen.

Franz: *Ja, das erscheint mir logisch. Ich glaube, ich habe einen kinästhetischen Stresskanal.*

71

Emil: *Wie kommst du da jetzt darauf?*

Franz: *Na ja, wenn ich mit jemandem streite, dann kann ich es überhaupt nicht leiden, wenn derjenige mich anfasst, um mich zu beschwichtigen, da werde ich richtig wütend.*

Emil: *Und glaubst du denn, dass es möglich ist, das wahrzunehmen und entsprechend zu beachten?*

Franz: *Ja, das glaube ich durchaus. Wenn die Person aufmerksam ist, kann sie merken, dass ich sie abweisend anschaue und mich innerlich verspanne.*

Emil: *Hm, und wenn die Person das nicht erkennt und weitermacht?*

Franz: *Dann ist es schon mal passiert, dass ich total bockig reagiert habe und gar nichts mehr ging. Das passiert mir natürlich jetzt nicht mehr.*

Emil: *Ach, wieso denn nicht?*

Franz: *Na, weil ich meinen blinden Fleck verkleinert habe. Jetzt, wo ich weiß, was mein Stresskanal ist, kann ich meinem Gesprächspartner doch sagen, dass ich es nicht mag, wenn er oder sie mir in einer Konfliktsituation die Hand auf den Arm legt.*

Emil: *Hm, und umgekehrt bist du jetzt wahrscheinlich auch aufmerksamer für die Reaktionen deiner Gesprächspartner …*

Franz: *Genau, auch wenn ich das üben muss und es vielleicht nicht immer ganz einfach sein wird.*

Auf dem richtigen Kanal senden und empfangen

Sie haben mehrere Möglichkeiten, aktiv mit den erkannten Wahrnehmungspräferenzen umzugehen:

- Sie wechseln bewusst in Ihren eigenen Wohlfühlkanal, wenn Sie spüren, dass Stress bei Ihnen aufkommt.
- Sie senden in dem Wohlfühlkanal Ihres Gesprächspartners, um eine gute Verbindung aufzubauen.
- Sie weisen den anderen auf Ihre Stressauslöser hin und bitten ihn, diese zu vermeiden.
- Sie bitten Ihr Gegenüber um Informationen darüber, was Sie tun können, um die Situation zu entspannen.

Hinterfragen Sie Werte, Einstellungen und Glaubenssätze (A/I)

Sie können auf unterschiedliche Weise die eigenen Werte, Einstellungen und Glaubenssätze herausfinden. Von Ihren Werten machen Sie sich am besten eine Prioritätenliste. Vielleicht hilft Ihnen dabei die Übung „Werteanalyse" aus dem Buch *Wenn die anderen das Problem sind* von Susanne Klein:

Übung:
Ermitteln Sie Ihre Werte:

Wert	sehr wichtig	wichtig	unwichtig
Abenteuer	☐	☐	☐
Aktivität	☐	☐	☐
Anerkennung	☐	☐	☐
Bildung	☐	☐	☐
Ehrlichkeit	☐	☐	☐
Einzigartigkeit	☐	☐	☐
Entwicklung	☐	☐	☐
Erfolg	☐	☐	☐
Familie	☐	☐	☐
Freiheit	☐	☐	☐
Freundschaft	☐	☐	☐
Frieden	☐	☐	☐
Gehorsam	☐	☐	☐
Geld	☐	☐	☐
Genauigkeit	☐	☐	☐
Genuss	☐	☐	☐
Gerechtigkeit	☐	☐	☐
Gesundheit	☐	☐	☐
Glück	☐	☐	☐
Harmonie	☐	☐	☐
Herausforderung	☐	☐	☐
Hilfsbereitschaft	☐	☐	☐
Heimat	☐	☐	☐

Tabelle 3: Werteanalyse

Wert	sehr wichtig	wichtig	unwichtig
Ideologie	☐	☐	☐
Intensität	☐	☐	☐
Klarheit	☐	☐	☐
Kongruenz	☐	☐	☐
Kreativität	☐	☐	☐
Leistung	☐	☐	☐
Liebe	☐	☐	☐
Loyalität	☐	☐	☐
Macht	☐	☐	☐
Mut	☐	☐	☐
Notwenigkeit	☐	☐	☐
Ordnung	☐	☐	☐
Originalität	☐	☐	☐
Perfektion	☐	☐	☐
Pflicht	☐	☐	☐
Qualität	☐	☐	☐
Ruhe	☐	☐	☐
Schnelligkeit	☐	☐	☐
Selbstständigkeit	☐	☐	☐
Sicherheit	☐	☐	☐
Spaß	☐	☐	☐
Spiritualität	☐	☐	☐
Status	☐	☐	☐
Toleranz	☐	☐	☐
Unabhängigkeit	☐	☐	☐
Veränderung	☐	☐	☐
Verantwortung	☐	☐	☐
Wahrheit	☐	☐	☐
Wissen	☐	☐	☐
Zugehörigkeit	☐	☐	☐

Ihre Einstellungen und Ihre Glaubenssätze sind eng mit Ihren Werten verbunden und leiten sich teilweise aus diesen ab. Besonders dann, wenn zwei Werte widersprüchlich sind oder es Ihnen sehr schwerfällt zu sagen, welcher Wert Ihnen wichtiger ist, sollten Sie noch einmal genauer hinschauen:

- Kommunizieren Sie diese Widersprüchlichkeit eventuell nach außen? Das kann bei Ihrem Gesprächspartner als Double Bind ankommen.
- Ist Ihnen je nach Situation der eine oder der andere Wert wichtiger, erscheinen Sie Ihrem Gesprächspartner vielleicht als sprunghaft oder schlecht einschätzbar.
- Haben Sie Werte und Glaubenssätze, von denen Sie meinen, dass andere sie ablehnen? Der Versuch, diese zu verbergen, führt zu einer inneren Zerrissenheit, die nach außen sichtbar wird und Ihren Gesprächspartner stark irritieren kann.

In der Auseinandersetzung mit den eigenen Werten, Einstellungen und Glaubenssätzen erfahren Sie eine Menge über sich selbst, über das, was Sie prägt und zu Ihrer „Normalität" gehört. Sie können sich nach außen klarer präsentieren und präziser äußern. Das macht es Ihrem Gesprächspartner leichter, Sie einzuschätzen und mit Ihnen umzugehen.

Franz: *Das ist ja eine gute Sache, aber manchmal ist es doch auch wichtig zu wissen, welche Werte mein Gesprächspartner hat. Wie finde ich die denn heraus? Dem kann ich ja schlecht eine Werteliste zum Ankreuzen vorlegen!*

Emil: *Da hast du Recht, das kannst du sicher nur in Ausnahmefällen tun und bestimmt nicht bei Gesprächspartnern, die gerade blocken.*

Franz: *Und so wie du grinst, gibt es bestimmt eine gute Alternative, um herauszufinden, was der andere für Werte hat.*

Emil: *Na klar, du fragst ihn einfach.*

Franz: *Ah ja, ich sage also zu dem Schulze: „Lieber Schulze, damit wir uns zukünftig besser verstehen, wüsste ich gerne, was du so für Werte hast"?*

Emil: *Ja, wenn du möchtest, dass der Schulze dich blöde anglotzt und glaubt, dass du nicht mehr richtig tickst …*

Franz: *Hey, das war nur ein Scherz. Ich weiß schon, dass das in den meisten Fällen zu direkt ist, vor allem dann, wenn man sich nicht so gut versteht.*

Emil: *Na schön, und wie würdest du tatsächlich fragen?*

Franz: *Was ist Ihnen in diesem Zusammenhang besonders wichtig?*

Emil: *Eine gute Frage. Sie ist offen, wertschätzend und ohne Provokation. Du weißt ja bestimmt noch, was jetzt sehr wichtig ist?*

Franz: *Jawohl, das weiß ich! Dem Gesprächspartner genügend Zeit lassen für seine Antwort, also Klappe halten und das Schweigen aushalten, alles andere wäre dämlich.*

Emil: *Und wenn du Glück hast, erreichst du damit gleich zweierlei: Zum einen bekommst du Infos dazu, was deinem Gegenüber wichtig ist, und zum anderen sammelst du Sympathiepunkte, weil du Interesse zeigst und ihm wirklich zuhörst.*

Das Hinterfragen von Werten, Einstellungen und Glaubenssätzen eignet sich besonders, um Gesprächsblockaden zu vermeiden. Sie erfahren etwas über Ihren Gesprächspartner, zeigen ihm Ihr Interesse und Ihre Wertschätzung und entdecken mögliche Fettnäpfchen. In einer bereits blockierten Situation ist das allerdings nicht ganz so einfach, weil der andere es eventuell als negatives Ausfragen wahrnimmt. Gehen Sie also behutsam vor.

Die Werte des anderen erkunden

- Was erwarten Sie von mir?
- Was wäre Ihrer Meinung nach eine angemessene Reaktion?
- Was denken Sie über …?
- Welche Erfahrungen haben Sie mit …?

Die Bedeutung des zielgerichteten Fragens ist ausgesprochen hoch. Je mehr Sie es üben, desto erfolgreicher wird Ihre Kommunikation sein.

Gehen Sie aktiv mit erlernter Normalität um (A/I)

Um dem auf die Schliche zu kommen, was für Sie erlernte Normalität ist, sollten Sie sich selbst eine oder mehrere der folgenden Fragen ausführlich beantworten:

- Wie sieht bei Ihnen ein typisches Familienfest aus?
- Worüber regt man sich in Ihrer Familie auf?
- Wie geht man damit um, wenn ein Familienmitglied Sorgen hat?
- Was passiert, wenn ein Familienmitglied sich regelwidrig verhält?
- Wie reagiert man, wenn ein Familienmitglied neue Ansichten vertritt?
- Ist es erlaubt, Dinge in Frage zu stellen, und wie reagiert man darauf?
- Wer ist das schwarze Schaf der Familie und warum?
- Wer ist das große Vorbild der Familie und warum?

Was zählt in Ihrer Familie?

Aus den Antworten auf all diese Fragen können Sie sehr viel über Ihre erlernte Normalität ableiten. Auch, wenn wir uns teilweise bewusst gegen die Werte, Einstellungen und Glaubenssätze unserer Familie entschieden haben, kann es sehr hilfreich sein, genau zu prüfen, was wir übernommen haben und wo wir uns möglicherweise exakt entgegengesetzt verhalten. Unserem Gesprächspartner geht es ganz ähnlich. Ein Großteil seines Verhaltens entspricht einfach dem, was ihm vorgelebt wurde.

Wenn Sie unsicher sind, ob bestimmte Verhaltensweisen zu Ihrer erlernten Normalität gehören, prüfen Sie, ob es Ihnen leichtfällt, sich gegebenenfalls anders zu verhalten.

- Wie laut oder leise wir sprechen,
- ob es erlaubt ist, den Gesprächspartner zu unterbrechen,
- ob wir unsere Meinung aussprechen und vertreten oder sie für uns behalten,

Beispiele für erlernte Normalität

- ob unsere Wortwahl derb oder eher fein ist,
- ob wir uns direkt und unverblümt oder eher diplomatisch äußern,
- ob wir herausfordernd oder abwartend agieren,
- ob wir aktiv überzeugen oder uns eher auf Gegenargumente spezialisieren,

all das gehört zur erlernten Normalität.

Dass Gesprächsblockaden entstehen können, wenn die „Normalitäten" sehr gegensätzlich sind, ist leicht nachvollziehbar. Aktiv damit umzugehen bedeutet zum einen, die eigene erlernte Normalität möglichst ungeschönt und ohne Wertung anzuschauen, und zum anderen, das Bewusstsein und die Toleranz für die abweichende erlernte Normalität des Gesprächspartners aufzubringen.

Die Normalität des anderen anerkennen

Um diese Toleranz entwickeln zu können, ist es erforderlich, dass wir uns von den erlernten Bewertungen lösen. Angenommen, für Sie ist es normal und richtig, dass man Ihnen erläutert, woran es liegt, wenn Sie Ihren Gesprächspartner nicht oder noch nicht überzeugt haben. Nun diskutieren Sie mit jemandem, für den es üblich ist, einfach nur bekannt zu geben, dass er nicht überzeugt ist von dem, was Sie sagen. Seine Bemerkung: „Das überzeugt mich nicht" bringt Sie möglicherweise in Rage. Sie finden es unmöglich, dass der andere stur auf seiner Meinung besteht.

Ganz schnell gerät man in so einem Fall in eine zum Teil unbewusste negative Wertung, die folgendermaßen aussehen könnte: *„Der Gesprächspartner müsste mir doch erklären, warum ich ihn noch nicht überzeugen konnte. Das macht er aber nicht, er ist stur, das ist schlecht, …"*

Wo entsteht wohl die Gesprächsblockade, bei Ihnen oder bei dem anderen? Sobald wir beginnen, das, was der andere sagt und tut, negativ zu bewerten, laufen wir Gefahr, eine Gesprächsblockade aufzubauen. Wenn es uns gelingt, ohne zu bewerten bei den Fakten zu bleiben, können wir eine solche Blockade wahrscheinlich vermeiden. In dem erwähnten Beispiel könnten Sie jetzt sagen: *„Sie sagten, dass Sie das nicht überzeugt. Was sind denn für Sie die wichtigsten Aspekte?"*

Damit haben Sie wieder zwei wesentliche Bestandteile cleverer, überzeugender Kommunikation beachtet:

- das, was der Gesprächspartner gesagt/getan hat, wiederholend zusammengefasst, und zwar ohne jede Wertung, nur die Fakten,
- offene Fragen ernsthaft interessiert und sachlich gestellt.

Bei den Fakten zu bleiben fällt meistens nicht so ganz leicht, weil unsere Gefühle sich unbewusst auswirken. Sehr häufig entwickeln wir negative Gefühle, wenn unser Gesprächspartner sich anders verhält, als wir es erwarten. Wir bewerten das innerlich als mangelnde Wertschätzung, Manipulationsversuch oder unterstellen unserem Gegenüber eine andere böse Absicht. Aus diesem negativen Gefühl heraus kann es leicht passieren, dass Sie zwar eine offene Frage stellen, diese aber einen aggressiven, zynischen, beleidigten oder sonst ungünstigen Unterton bekommt. Wenn Sie sich hingegen dieses negative Gefühl bewusst machen und sich darüber klar werden, dass Sie vielleicht falsch liegen mit Ihrer Vermutung, dann wird es Ihnen deutlich leichter fallen, auf die Fakten zu reagieren, statt aus dem schlechten Gefühl heraus. Probieren Sie's doch einmal aus.

Verkleinern Sie den blinden Fleck (A/I)

Der blinde Fleck spielt für das Entstehen von Gesprächsblockaden eine große Rolle, da die Verhaltensweisen aus diesem Bereich außerhalb unserer bewussten Wahrnehmung liegen. Und das ist insbesondere dann konfliktfördernd, wenn der Gesprächspartner dieses Verhalten unangenehm findet. Es gibt zwei Möglichleiten, den blinden Fleck zu verkleinern: Rückmeldung von anderen einholen und Selbstreflexion. Je kleiner Ihr blinder Fleck ist, desto bewusster und flexibler können Sie agieren.

In bestimmten Fällen lassen sich Gesprächsblockaden durch die Verkleinerung des blinden Flecks relativ leicht auflösen oder vermeiden, etwa in folgendem Beispiel:

Wünsche an andere aussprechen

Ihre Kollegin hat die Angewohnheit, Sie zu fragen, wie Sie bei Aufgaben gemeinsam vorgehen sollen. Im Nachhinein stellt sich häufig heraus, dass die Kollegin bereits eine konkrete Idee hatte. Das ärgert Sie, weil Sie eine Menge Zeit sparen könnten, wenn die Kollegin ihre Ideen sofort formulieren würde. Sie geben ihr ein konstruktives Feedback über Ihre Wahrnehmung verbunden mit der Bitte, ihre Ideen zukünftig sofort mitzuteilen. Für den Fall, dass die Kollegin ihr eigenes Verhalten problemlos variieren kann, reicht es in der Regel aus, diese Rückmeldung zu geben und deutlich zu sagen, welches Verhalten Sie sich stattdessen wünschen. Wenn das Verhalten der Kollegin tiefer gehende Gründe hat, dann wird es schon etwas schwieriger. Sie könnte es z. B. für höflich halten, ihre eigenen Ideen zunächst einmal zurückzustellen. Oder sie glaubt, dass sie Sie beeinflusst, wenn sie ihre Ideen sofort mitteilt. Vielleicht traut sie sich nicht recht, weil sie ihre Ideen für nicht gut genug hält, oder … Eine Vielzahl von Gründen sind denkbar.

Rückmeldung geben

Unabhängig davon, welcher Grund vorliegt: Durch die Rückmeldung ist der blinde Fleck verkleinert worden. Jetzt besteht die Möglichkeit, sich offen auszutauschen und Lösungen zu finden. Ob das gelingt, hängt auch davon ab, wie wichtig es den Gesprächspartnern ist, zukünftig stressfrei miteinander zu kommunizieren. Ist es beiden wichtig, dann werden sie einen guten Weg finden. Legt nur einer von beiden Wert darauf, dann bleibt immer noch die Wahl zwischen Akzeptanz des Verhaltens, Abbruch der Kommunikation, Änderung des eigenen Verhaltens und/oder Hinterfragen der eigenen Sicht.

Lösen Sie Double Binds (A/I)

Um ein Double Bind zu lösen, sind mehrere Schritte erforderlich:

1. Machen Sie sich klar, dass Ihr Gesprächspartner die widersprüchlichen Handlungsaufforderungen oder Informationen möglicherweise völlig unbeabsichtigt gesendet hat. Auch verdeckt widersprüchliche Interessen sind ihm eventuell selbst noch gar nicht bewusst geworden.

2. Verdeutlichen Sie sich, welche Widersprüche es gibt. Bleiben Sie unbedingt bei den Fakten und unterlassen Sie Interpretationen.

3. Hinterfragen Sie die Widersprüche und bitten Sie Ihren Gesprächspartner um eindeutige Aussagen.

4. Stellen Sie sich darauf ein, dass es Ihrem Gegenüber eventuell nicht ganz leicht fällt, seine Widersprüche zu erkennen und aufzulösen. Bleiben Sie geduldig und bewahren Sie eine wertschätzende Haltung gegenüber dem anderen.

Franz: *Nun ja, das leuchtet mir zwar alles ein, aber das ist bestimmt nicht so einfach.*

Emil: *Das kann durchaus sein, aber du bist ja selbst derjenige, der entscheidet, ob und wie wichtig es ist, das Double Bind zu lösen.*

Franz: *Hm, ich suche gerade nach einem Beispiel. Vielleicht erstmal ein relativ einfaches: Mein Chef hat die Angewohnheit zu betonen, dass es ganz bei mir liegt, ob ich diese oder jene wichtige Aufgabe noch erledige und bereit bin, dafür einige Überstunden zu machen.*

Emil: *Und was daran empfindest du als Double Bind?*

Franz: *Stimmt, das ist gar kein Double Bind. Er sendet zwar eine unterschwellige Botschaft, dass er es gern sehen würde, wenn ich die Überstunden mache. Aber in diesem Fall kann ich mich so verhalten, dass er es gut findet.*

Emil: *Genau. Ich glaube, ich habe ein Beispiel: Mein Chef rühmt sich gern, wie wichtig es ihm sei, dass seine Mitarbeiter sich ihm gegenüber auch kritisch äußern. Und wenn man*

81

es dann tut, ist er beleidigt, aber wenn man nichts sagt, dann wirft er einem vor, man sei nicht wirklich offen.

Franz: *Verstehe, wie man's macht, macht man's verkehrt. Meine Spezialübersetzung für Double Bind.*

Eigenen Double Binds auf die Spur kommen

Ein Double Bind muss natürlich nicht zwangsläufig von Ihrem Gesprächspartner ausgehen, auch Sie selbst können sich widersprüchlich verhalten und den anderen damit in Verwirrung stürzen. Eigenen Double Binds kommt man am ehesten auf die Schliche, indem man darauf achtet, was man denkt! Fast bei jedem Menschen finden sich Widersprüche im Denken über sich selbst, über seine Wünsche und Überzeugungen. Unaufgelöste innere Widersprüche wirken nach außen als Double Binds, die sich ein Kommunikationspartner gar nicht erklären kann.

Angenommen, jemand hat den Glaubenssatz: *„Man darf nur auf das stolz sein, was man ganz allein geschafft hat."* Dennoch gibt es immer mal wieder Situationen, in denen derjenige an die Grenzen seiner Leistungsfähigkeit stößt, und da könnte er schon gut Hilfe gebrauchen. Wenn er um Hilfe bittet, ohne sich seines widersprüchlichen Glaubenssatzes bewusst zu sein, wird er dem anderen wahrscheinlich widersprüchliche Signale senden, ob er die Hilfe auch wirklich möchte. Oder er wird an der Art der Hilfe herummäkeln oder er verlangt gar, dass man doch sehen müsse, wann er allein nicht mehr klarkommt.

Dasselbe aus unterschiedlicher Sicht betrachten

Das kennen Sie bestimmt auch in der einen oder anderen Form. Um mit Ihren eigenen Widersprüchen zurechtzukommen, können Sie sich diese zunächst bewusst machen und dann miteinander in Einklang bringen. Zum Beispiel, indem Sie spezielle Rahmenbedingungen einführen und Ihre Glaubenssätze überdenken. Derjenige, der alles allein schaffen will, formuliert vielleicht als neue Glaubenssätze:

- ▨ *„Grundsätzlich zeugt es von Größe, die Dinge allein zu schaffen."*
- ▨ *„Wenn die Situation es erfordert, zeigt man besondere Größe, wenn man klar um konkrete Hilfe bittet."*

Eigene Double Binds aufzuspüren und aufzulösen kann helfen, Gesprächsblockaden zu vermeiden, und es erleichtert Ihnen auch sonst das Leben. Denn wenn man Widersprüche in sich trägt, kostet das immer Energie.

Nutzen Sie Reframing (A)
Der Begriff *Reframing* bezeichnet eine Technik, die aus der Systemischen Familientherapie stammt und von Virginia Satir eingeführt wurde. Reframing heißt Neurahmung und wird auf Deutsch meist als „Umdeutung" bezeichnet. Einer Situation wird eine andere Bedeutung oder ein anderer Sinn zugewiesen. Bildlich betrachtet sieht dasselbe Gemälde in dem einen Rahmen schöner aus als in einem anderen. Im Grunde genommen ist das Beispiel aus dem letzten Abschnitt bereits eine Art von Reframing. Der Betreffende sieht sein Verhalten „um Hilfe bitten" in einem neuen, jetzt positiven Rahmen.

Neben der Umdeutung des eigenen Verhaltens macht es auch einen entscheidenden Unterschied, in welchem Rahmen Sie das Verhalten Ihres Gesprächspartners sehen.

Beispiele:

Dasselbe aus unterschiedlicher Sicht betrachten

- ▨ *Fakt*: Es regnet.
  Rahmen 1: Ich muss mit Schirm spazieren gehen, sonst werde ich nass.
  Rahmen 2: Ich brauche heute Abend den Rasen nicht zu wässern.
- ▨ *Fakt*: Mein Kollege hat die Ausarbeitung nicht fertig.
  Rahmen 1: Er ist unzuverlässig.

Rahmen 2: Er ist nicht in der Lage, seine Arbeit zu organisieren.

Rahmen 3: Der Arme ist total überlastet, weil der Chef ihm immer mehr Aufgaben gibt.

Je nachdem, welchen Rahmen Sie wählen, erscheint Ihnen eine Situation oder das Verhalten eines Menschen entsprechend anders. Oft wandeln sich unsere Ansichten, wenn wir unsere Perspektive ändern.

Franz: *Also eine Sache verstehe ich hier aber nicht so genau. Eigentlich soll ich doch gar nicht interpretieren und bewerten, sondern mich nur an die reinen Fakten halten.*

Emil: *Ja, da hast du Recht, auf den ersten Blick ist das natürlich ein Widerspruch. Ich glaube, es ist wichtig zu unterscheiden, was du denkst und wie du reagierst.*

Franz: *Das heißt, dass meine Reaktionen sich auf die Fakten beziehen sollen, statt meinen Gesprächspartner mit meinen Vermutungen zu konfrontieren.*

Emil: *Genau, weil du damit unterstellen würdest, dass du weißt, was dein Gesprächspartner denkt und was er beabsichtigt.*

Franz: *Na ja, die daraus resultierende Gesprächsblockade ist ja nun wirklich ziemlich leicht zu vermeiden.*

Emil: *Finde ich auch, Interpretationen für sich zu behalten ist relativ einfach, aber keine zu haben, das wäre nicht menschenmöglich.*

Franz: *Jetzt dämmert`s mir. Reframing heißt also, mir das Verhalten meines Gesprächspartners in einem oder mehreren anderen Rahmen vorzustellen. Dadurch merke ich, dass es mehr als eine mögliche Interpretation seines Benehmens gibt.*

Emil: *Exakt. Und vielleicht sind sogar Rahmen dabei, die sein Verhalten eher positiv beleuchten.*

Franz: *Hm, wenn mich meine Frau anmault, dass ich mit T-Shirt Motorrad fahre, macht es natürlich einen Unter-*

schied, ob ich den Rahmen „Meckerziege" oder „Sie liebt mich und will, dass ich heil wieder nach Hause komme" drummache.
Emil: *Ja, das ist Reframing.*

Wir nehmen eine Umdeutung vor, um entspannter mit der Situation und/oder dem Verhalten des Gesprächspartners umgehen zu können und so Gesprächsblockaden zu vermeiden. Die Aufforderung, Ihren Partner nicht einfach mit Ihren Interpretationen zu konfrontieren, bleibt natürlich bestehen. Das kommt einer Unterstellung gleich und wird meist eher zu einer Blockade führen, als dass es diese vermeiden hilft.

Eine konkrete Hilfestellung zur Neurahmung des Verhaltens Ihres Gesprächspartners bietet Ihnen das Entwicklungsquadrat. Es stammt ursprünglich von Friedemann Schulz-von Thun und wurde uns in der vorliegenden Form freundlicherweise von Martina Wetzel (wetzel consult) zur Verfügung gestellt. Im Entwicklungsquadrat geht es darum, die von uns negativ bewerteten Eigenschaften des anderen in einem neuen Licht zu sehen und unsere eigenen Eigenschaften einmal mit den Augen eines Menschen zu betrachten, der uns kritisch beurteilt. Probieren Sie es doch einmal aus:

Übung:
Diese Übung bietet eine Unterstützung für den Umgang mit schwierigen Menschen an. Gleichzeitig verhilft sie zu mehr Selbsterkenntnis, und zwar genau dort, wo sich der eigene blinde Fleck verbirgt.

Das Entwicklungsquadrat einsetzen

1. *Die schwierige Person*
   Denken Sie an eine konkrete Person, die Ihnen wirklich „stinkt", die Sie absolut nicht ausstehen können.

2. *Alle negativen Eigenschaften*
   Fragen Sie sich: Welche Eigenschaften sind es genau, die mich stören? Hören Sie eine Weile in sich hinein.

Erstellen Sie eine Liste der negativen Eigenschaften, so viele wie möglich, und seien Sie dabei nicht zimperlich:

_____   _____

_____   _____

_____   _____

_____   _____

_____   _____

3. *Nachspüren*
   Lesen Sie nun die Eigenschaften laut vor und spüren Sie in sich hinein, was es in Ihnen auslöst.

4. *Die drei negativsten Eigenschaften*
   Welches sind für Sie die drei negativsten Eigenschaften? Tragen Sie diese in das Entwicklungsquadrat ein (auf der nächsten Seite oben rechts).

5. *Ihre Eigenschaften im Gegensatz dazu*
   Finden Sie nun heraus, wie Sie sich im Gegensatz zu diesen drei Eigenschaften sehen, und tragen Sie diese in das Entwicklungsquadrat ein (z. B. starr/flexibel; oben links).

zu 5. *So sehe ich mich*
selbst (meine
positive Seite)

1. _____

2. _____

3. _____

zu 4. *So sehe ich den an-*
deren (die negative
Seite des anderen)

1. _____

2. _____

3. _____

zu 6. *So sieht der andere*
mich (meine negative
Seite)

1. _____

2. _____

3. _____

zu 7. *So sieht der andere*
sich selbst (seine
positive Seite)

1. _____

2. _____

3. _____

6. *Wie sieht der andere Sie?*

Wenn Sie sich nun vorstellen, dass auch der andere mit Ihnen ein Problem hat, wie würde er Sie sehen? Er würde Sie vielleicht nicht im positiven Sinne als flexibel, sondern eher als oberfläch-lich bezeichnen. Finden Sie also die drei negativen Varianten zu Ihren eigenen positiven Seiten, die bereits im Quadrat oben links eingetragen sind, und schreiben Sie diese darunter in das Käst-chen links unten.

7. *Wie sieht der andere sich selbst?*

Nun kommt das Schwierigste: Natürlich wird der andere sich selbst nicht so negativ sehen. Versuchen Sie also herauszufinden, wie der andere sich in Bezug auf die drei negativen Punkte wohl sieht, z. B. statt „starr" „berechenbar".

8. *Ergebnis*

Je schwerer Ihnen der letzte Schritt fällt, umso größer ist die Wahrscheinlichkeit, mit den gefundenen Eigenschaften eine wertvolle Ressource entdeckt zu haben. Mit Ressourcen ist das gemeint, was zum Teil verborgen in uns liegt, also unsere Stärken, Talente, Fähigkeiten usw. Das, was aus Ihrer Sicht positiv am anderen ist (siehe 7., rechts unten), sind Ihre neu entdeckten Ressourcen.

„Flexibel" sein ist gut, „berechenbar" sein ist gut –
eine Wahl zu haben ist besser!

Franz: *Gelesen hab ich das ja jetzt, aber vielleicht könntest du mir mal beim Ausprobieren etwas auf die Sprünge helfen?*

Emil: *Na klar, gerne. Hast du schon eine Eigenschaft gefunden, die dich extrem stört?*

Franz: *Ja, hab ich. Ich finde Paul absolut grässlich, der hat eine echte Profilneurose.*

Emil: *Und woran machst du das fest?*

Franz: *Na, der hat wirklich zu allem und jedem was zu sagen. Dass der sich mal nicht zu Wort meldet, hab ich noch nicht erlebt.*

Emil: *Gut, und wie siehst du dich im Gegensatz dazu?*

Franz: *Nun, im Gegensatz zu ihm bin ich zurückhaltend. Ich äußere mich meist nur dann, wenn meine Meinung auch gefragt ist.*

Emil: *Aha, und wenn Paul deine Zurückhaltung extrem nerven würde, wie würde er das beschreiben?*

Franz: *Vielleicht würde er sagen, dass man mir die Würmer aus der Nase ziehen muss. Das sagt meine Frau auch, wenn ich mich nicht sofort ausführlich mit ihren Äußerungen auseinandersetze.*

Emil: *Hm, und was glaubst du denn, wie Paul sich selbst sieht?*

Franz: *Vermutlich ist er der Ansicht, dass er einen wichtigen Beitrag leistet und dass er sehr engagiert ist.*

Emil: *Und würdest du das Verhalten von Paul jetzt anders beschreiben?*

Franz: *Ja, durchaus. Bin schon deutlich entspannter. Weil mir jetzt klar geworden ist, dass man jedes Verhalten sowohl positiv als auch negativ sehen kann. Vermutlich könnte ich mir sogar ab und zu eine Scheibe von Paul abschneiden.*

Emil: *Und genau auf diese „Einsicht" zielt das Entwicklungsquadrat ab.*

Franz: *Ob die allerdings immer so einfach zu erzielen ist, möchte ich schon in Frage stellen.*

Emil: *Natürlich, das ist dein gutes Recht. Auf jeden Fall ist es einen Versuch wert. Und es gibt ja auch noch weitere Methoden zur cleveren Kommunikation, die später im Buch beschrieben werden.*

Überschreiten Sie die rote Linie (A/I)

Im Zusammenhang mit Werten, Einstellungen und Glaubenssätzen sind Sie gefordert, bewusst und aktiv die Gegenposition einzunehmen oder sich zumindest mit ihr auseinanderzusetzen:

Fremde Einstellungen erproben

- Zuverlässigkeit ist Ihnen wichtig? Malen Sie sich aus, welche Vorteile Sie hätten, wenn Sie auf diesen Wert verzichten würden. Vielleicht probieren Sie sogar aus, wie Ihre Umwelt reagiert, wenn Sie einmal unzuverlässig sind.

- Ihre Einstellung gegenüber einer bestimmten Personengruppe ist eher kritisch? Versuchen Sie Menschen dieser Gruppe kennen zu lernen und Sympathien zu entwickeln.

- Sie haben den Glaubenssatz „Erst die Arbeit dann das Vergnügen"? Suchen Sie einen sinnvollen Glaubenssatz, der das Gegenteil aussagt.

- Sie neigen dazu, die meisten Dinge negativ zu bewerten? Machen Sie einmal ganz bewusst ein paar positive Reframings.

- Sie hören sich gern reden, oder Sie sind sehr zurückhaltend? Probieren Sie einmal ganz bewusst das Gegenteil von dem, was Sie normalerweise tun.

- Sie „wissen" bereits vor dem Gespräch, dass Hopfen und Malz verloren ist, weil der Gesprächspartner ja nicht mal zuhören kann? Dann tauschen Sie diese Erwartung doch gegen eine gesprächserleichternde aus. Sagen Sie sich selbst, dass das Gespräch einen positiven Verlauf nimmt und dass Sie einen guten Zugang zu Ihrem Gesprächspartner finden werden.

Die rote Linie zu überschreiten ist eine hervorragende Möglichkeit, den eigenen Handlungs- und Verhaltensspielraum zu erweitern. Wenn Sie einmal damit angefangen haben, wird Ihnen das vermutlich richtig Spaß machen.

5 „Das ist ja ein ewiger Streithammel …"

„Andersdenkende sind oft ganz anders, als wir denken."

ERNST FERSTL

Bei Dauernörglern könnten 14 % der Befragten aus der Haut fahren. Geht es Ihnen auch so? Oder haben Sie eher Probleme mit den Typen, die „ständig gute Laune verbreiten"? Die Harmoniesüchtigen kommen in der Hitliste ähnlich schlecht weg wie die ewigen Streithammel. Über diejenigen, denen man jedes Wort aus der Nase ziehen muss (19 %), regen sich genauso viele Befragte auf wie über Dauerredner (20 %).

Dass die Menschen verschieden sind und damit auch ihre Kommunikationsmuster, ist unstrittig und so lange unproblematisch, wie wir diese Unterschiede als positiv oder bereichernd empfinden. Tatsache ist aber, dass wir Menschen dazu neigen, uns und unser eigenes Kommunikationsverhalten positiv und andere Verhaltensweisen negativ zu bewerten. Je größer der Unterschied zwischen uns und dem anderen ist, desto größer ist tendenziell die Gefahr, dass eine Gesprächsblockade entsteht. Unsere Erwartungen und unsere erlernte Normalität aus dem vorangegangenen Kapitel schließen sich hier nahtlos an.

Banal, aber wichtig: Menschen sind verschieden

Wir wollen Ihnen im Folgenden eine Reihe unterschiedlicher Persönlichkeitsmodelle vorstellen, damit Sie einen Eindruck davon erhalten, wie vielfältig Typenunterscheidungen sind. Sie bekommen einige Hinweise dazu, was andere Typen

„bewegt" und wie sie „ticken". Im zweiten Teil widmen wir uns dann wieder den konkreten Tipps, die Sie dabei unterstützen sollen, andere Typen und ihre Kommunikationsmuster wohlwollend und konstruktiv zu sehen oder zumindest stressfrei mit ihnen umzugehen. In diesem Zusammenhang ist es clever, wenn Sie individuell auf den „Typ" Ihres Gesprächspartners eingehen können.

Ähnlichkeiten und Unterschiede erkennen

Ähnlichkeiten und Unterschiede wirklich „objektiv" zu erkennen ist gar nicht möglich. Das wissen Sie spätestens, nachdem Sie das Kapitel zur Wahrnehmung gelesen haben. Auch wenn jede Einschätzung letztendlich subjektiv ist, kann sie uns in der Kommunikation helfen. Daher beschäftigen wir uns an dieser Stelle mit Persönlichkeits- und Konflikttypen.

Inwieweit der Umgang mit Ähnlichkeiten und Unterschieden zu einer Gesprächsblockade führen kann, ist davon abhängig, ob und wie wir es bewerten, wenn uns der Gesprächspartner ähnlich oder unähnlich ist. Mehr dazu erfahren Sie im Abschnitt *Anders, besser oder schlechter?*

Ausgewählte Persönlichkeitsmodelle im Überblick

Der Wunsch, das Verhalten anderer einschätzen und vorhersagen zu können, stellt ein Grundbedürfnis des Menschen dar. Es gibt daher eine Vielzahl von Persönlichkeitsmodellen, die je nach Fragestellung unterschiedlichen Einsatzgebieten dienen. Auf alle existierenden Modelle einzugehen, würde den Rahmen dieses Buches sprengen. Deshalb haben wir diejenigen mit dem für unser Thema höchsten Praxisbezug gewählt. Allein in dem Wissen um die Unterschiede zwischen Menschen liegt bereits die Möglichkeit, Gesprächsblockaden zu vermeiden.

MBTI® und JTL

Der *MBTI®* (Myers-Briggs Typenindikator, entwickelt von Isabel Myers und Katharine Cook Briggs), der *JTL* (Jungsche Typenlehre, entwickelt von Stefan Blankertz) und eine ganze Reihe weiterer Tests zur Einschätzung der Persönlichkeit beziehen sich auf die Typenlehre von Carl Gustav Jung. Wir beschränken uns an dieser Stelle auf die Darstellung der vier Grunddimensionen. Diese bieten für das Entstehen von Kommunikationsstress bereits jede Menge „Stoff". Die Basisunterscheidungen sind:

- Extraversion – Introversion
- Sinnlich/Konkret – Abstrakt/Intuitiv
- Objektive Analyse – Innere Werthaltung
- Möglichkeit – Plan

Wir haben die Benennungen so gewählt, dass möglichst leicht nachvollziehbar wird, was damit gemeint ist. Deshalb weichen sie zum Teil von den Bezeichnungen ab, die Sie in der Literatur finden.

Die Unterscheidung in *extravertiert* und *introvertiert* ist wahrscheinlich den meisten von Ihnen geläufig. Sie macht deutlich, ob sich das Denken und Verhalten eines Menschen eher nach innen oder nach außen richtet und woher er seine Energie bezieht.

Extraversion – Introversion

Der Extravertierte braucht Menschen, um seine Gedanken auszutauschen und zu entwickeln. Auch und gerade dann, wenn er auftanken muss, hat er gern Menschen um sich. Der Introvertierte hingegen ordnet seine Gedanken und Gefühle lieber für sich allein und tauscht sie – wenn überhaupt – erst dann mit anderen Menschen aus. Ohne Kontakte kann er seine Batterien am besten aufladen.

Je deutlicher der eine extravertiert und der andere introvertiert ist und je enger die Menschen miteinander verbunden sind, desto wichtiger ist es, um diese Unterschiede zu wissen und sie zu respektieren.

Im beruflichen Kontext und im Zusammenhang mit der Kommunikation, insbesondere beim Austausch von Ideen, kommt ein weiterer Aspekt zum Tragen, der Extraversion und Introversion voneinander unterscheidet: Während man die Extravertierten als „Nach-Denker" bezeichnet, stehen die Introvertierten in dem Ruf, „Vor-Denker" zu sein. Die extra-vertierten „Nach-Denker" sind spontan, schnell, sie sprudeln alles heraus, was ihnen in den Sinn kommt. *Danach*, wenn sie es bereits ausgesprochen haben, fangen sie an zu *denken*. Die introvertierten „Vor-Denker" schweigen zunächst, sie *denken* von rechts nach links, von oben nach unten, von hinten nach vorne und umgekehrt, *bevor* sie reden.

Gesprächsblockaden entstehen aus der negativen Bewertung des Unterschiedes. Aber auch dann, wenn wir beide Typen wertfrei betrachten, gilt es eine Regelung zu finden, die es ermöglicht, dass beide Typen zu ihrem Recht kommen und inhaltlich eine gute Qualität sichergestellt wird.

Franz: *Aha, das ist doch jetzt wieder so wie beim „Überzeugen, ohne zu argumentieren"?*

Emil: *Exakt, denn wenn du wertfrei bleibst, kannst du ganz ein-fach auf der Sachebene agieren.*

Franz: *Hm, und wenn ich den anderen negativ bewerte und die Erwartung habe, dass er so handeln muss wie ich, dann gibt's ein Problem.*

Emil: *Ja, das ist ziemlich wahrscheinlich, denn irgendwie kön-nen wir ja doch nicht über unseren Schatten springen.*

Franz: *Na ja, mit den Introvertierten komme ich im Grunde prima aus, obwohl ich ja selbst extravertiert bin. Ich akzep-tiere das einfach, dass die vieles etwas anders handhaben als ich.*

Emil: *Ja, ich weiß, dass du das ganz gut kannst, aber es kom-*

men noch ein paar weitere Unterscheidungen, schau doch mal, wie's damit so bei dir aussieht.

Bei der zweiten Unterscheidung geht es um die Frage der Wahrnehmung. Während der *sinnlich-konkrete* Typ Dinge mag, die klar messbar sind, und viele Details sieht, bevorzugt der *Abstrakt-Intuitive* das Kreative und nimmt eher Muster und Zusammenhänge wahr. Der Sinnlich-Konkrete mag das Praktische, geht schrittweise vor und liest auch Bedienungsanleitungen. Der Abstrakt-Intuitive stellt sich Möglichkeiten vor, beginnt irgendwo und überspringt auch einmal Schritte, Bedienungsanleitungen nimmt er nur zur Hand, wenn er mit Ausprobieren nicht weiterkommt. Während der Sinnlich-Konkrete eher in der Gegenwart lebt und das genießt, was da ist, macht der Abstrakt-Intuitive sich Gedanken darüber, was sein könnte, und lebt häufig in der Zukunft.

Sinnlich/Konkret – Abstrakt/Intuitiv

Wir haben die Wahl, das eine oder das andere für besser, sinnvoller, praktikabler oder was auch immer zu halten. Wir können uns auch entscheiden, gemeinsam hervorragende Arbeit zu leisten, wenn es uns gelingt, Gegenwarts- und Zukunftsdenken, Praktikabilität und Kreativität zu verbinden.

Bei der dritten Dimensionsunterscheidung steht die Frage im Vordergrund, wonach jemand seine Umwelt beurteilt. Das kann entweder die *kriterienorientierte Analyse* oder die *innere Werthaltung* sein. Dabei sieht der Erste die Dinge eher von außen, der Zweite mit innerer Anteilnahme. Die kriterienorientierte Analyse bringt es mit sich, dass Prinzipien von Wahrheit und Gerechtigkeit zum Tragen kommen, während bei der inneren Werthaltung Beziehungen und Harmonie sehr wichtig sind. Der eine entscheidet eher mit dem Kopf und mag Logik, der andere eher mit dem Herzen und bevorzugt persönliche Überzeugungen.

Kriterienorientierte Analyse – Innere Werthaltung

Zunächst erscheinen diese beiden Positionen entgegengesetzt, das eine ist auf den ersten Blick mit dem anderen unvereinbar. Ein Kompromiss, also ein bisschen von dem und ein bisschen von dem, wird vermutlich beide unzufrieden machen. Um mit Unterschieden dieser Art umzugehen, benötigen beide Gesprächspartner die Bereitschaft, sich auf einer höheren Ebene zu begegnen und nach Übereinstimungen zu suchen. Beiden Typen ist gemeinsam, dass sie nach Werten entscheiden. Dass insbesondere unterschiedliche Werte, Einstellungen und Glaubenssätze zu Gesprächsblockaden führen können, haben wir bereits im Kapitel 4 deutlich gemacht.

Möglichkeit – Plan Dem *planenden Typ* sind Struktur und Bewertung wichtig, während der *Möglichkeitentyp* Wert darauf legt, dass nicht alles festgelegt ist, sondern vieles offen bleibt. Daraus ergeben sich gravierende Unterschiede. Während der eine klare Abläufe bevorzugt, Termine einhält, entschlussfreudig ist und es liebt, Aufgaben zu Ende zu führen, bevorzugt der andere Veränderung und Vielfalt, hält Termine auf den letzten Drücker, ist neugierig, offen für Überraschungen und mag den Prozess an sich.

Gesprächsblockaden sind programmiert, wenn man seine eigene Vorgehensweise für die einzig richtige hält und diese z.B. in einem gemeinsamen Projekt durchsetzen will. Auch hier ist es erforderlich, dass man die Andersartigkeit zunächst einmal akzeptiert, um dann eine tragfähige Lösung für beide zu finden.

Wer sich über die beschriebenen Basisdimensionen hinaus für die Typenvielfalt, die sich aus der Kombination der Grundunterscheidungen ergibt, interessiert, findet im Literaturverzeichnis entsprechende Hinweise.

Franz: *Ich ahne, was du vorhin gemeint hast. Ich komme mit allen Varianten gut klar, außer mit denen, die aufgrund ihrer inneren Werthaltung entscheiden.*

Emil: *Hm, und warum ist das so?*

Franz: *Ich weiß nicht so genau, aber irgendwie erscheinen die mir einfach zu emotional. Mit logischen Argumenten brauchst du denen erst gar nicht zu kommen.*

Emil: *Das haben wir ja gerade gelesen, dass dieser Typ seine Beurteilung aufgrund einer inneren Werthaltung vornimmt. Und das bei ihm das Zwischenmenschliche eine große Rolle spielt.*

Franz: *Das ist ja gut und schön, aber mir ist das nicht so wichtig. Und ehrlich gesagt, kann ich das einfach nicht verstehen beziehungsweise nachvollziehen, was in diesen Typen vorgeht.*

Emil: *Und ist es denn für die clevere Kommunikation wirklich relevant, dass du den Gesprächspartner immer verstehst?*

Franz: *Na klar, du hast Recht, es geht viel eher um Akzeptanz der Tatsache, dass der Gesprächspartner anders denkt und entscheidet. Dann werde ich das in der Praxis mal prüfen, wie es sich auswirkt, wenn ich mein Pendant in Sachen Beurteilung und Entscheidungsfindung akzeptiere.*

DISG®

Das *DISG®*-Persönlichkeitsprofil beruht auf der Arbeit des Psychologen William Moulton Marston. Der Verhaltenspsychologe John Geier (Universität Minnesota) entwickelte auf der Basis von Marstons Forschungen eine Methode, die eine sofortige individuelle Anwendung ermöglicht. Grundsätzlich unterscheidet das Modell folgende Dimensionen, die letztlich auch wieder auf der Typologie von C. G. Jung fußen:

- extravertiert (obere Hälfte = D und I) und
- introvertiert (untere Hälfte = G und S) sowie
- aufgabenorientiert (linke Seite = D und G) und
- menschenorientiert (rechte Seite = I und S)

Abbildung 6:
Die Dimensionen
des DISG®-
Persönlichkeitsprofils

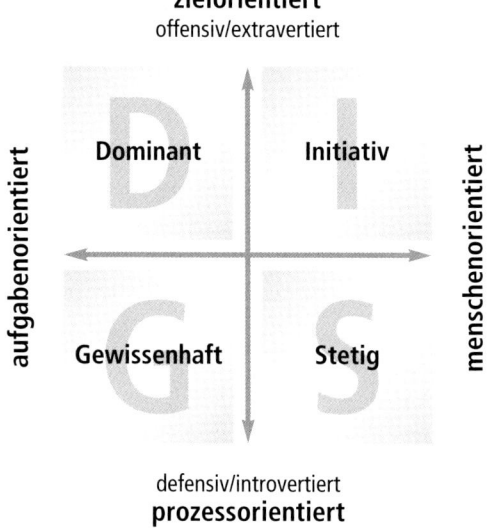

zielorientiert
offensiv/extravertiert

aufgabenorientiert

Dominant   **Initiativ**

menschenorientiert

Gewissenhaft   **Stetig**

defensiv/introvertiert
prozessorientiert

Aus den Dimensionen des DISG®-Modells ergeben sich folgende Grundtypen:

- der Dominante (D)
- der Initiative (I)
- der Stetige (S)
- der Gewissenhafte (G)

Der Dominante
Wie der Name schon sagt, bestimmt der *Dominante* gern, wo es lang geht, möchte die Kontrolle behalten, bringt Projekte auf den Weg, ist zielstrebig, ehrgeizig, kampflustig, risikofreudig und braucht viel Freiraum.

Der Initiative
Der *Initiative* wird manchmal auch der Kreative oder der Chaot genannt. Er ist gesellig und lebhaft, manchmal planlos und hektisch, positiv, gewinnend und impulsiv. Er will mitreden, beliebt sein und braucht immer neue Anregungen.

Der Stetige
Der *Stetige* liebt Ordnung und Übersicht, ist beständig, pflegt dauerhafte Beziehungen, ist zuverlässig und kann gut zu-

hören. Er mag Harmonie und Stabilität. Er akzeptiert Grenzen und liebt es, wenn alles seinen gewohnten Gang geht, er ist loyal und konservativ.

Der *Gewissenhafte* ist ein Muster an Genauigkeit. Er liebt Qualität und arbeitet gern allein. Er findet jeden Fehler und setzt sich selbst hohe Standards, fragt nach Hintergründen und kniet sich in Aufgaben hinein. Er kommt zu ausgewogenen Ergebnissen und sieht in erster Linie die Sache, weniger die Menschen.

Der Gewissenhafte

Die hier vorgestellten „reinen" Typen kommen in der Realität so gut wie nie vor. Letztendlich hat aber jeder Mensch mehr oder weniger starke Schwerpunkte.

HBDI™

Ein weiteres Modell, das wir hier vorstellen möchten, ist das *Herrmann Brain Dominance Instrument* (HBDI™), das Ned Herrmann Ende der 70er-Jahre auf der Basis von Erkenntnissen der Hirnforschung entwickelte. Roger Sperrys Entdeckung, dass die rechte und die linke Hirnhälfte unterschiedliche Funktionen wahrnehmen, war der erste Schritt. Die rechte Hirnhälfte ist eher zuständig für ganzheitliches, intuitives, integrierendes, emotionales Denken und Handeln. Die linke Hälfte nimmt Funktionen des rationalen, analytischen, sequenziellen, logischen Denkens und Handelns wahr.

Die Untersuchungen zur Entwicklungsgeschichte des Gehirns führten zu einer Unterteilung der Hirnhälften jeweils in eine obere und eine untere Ebene. Die unteren, älteren Hirnstrukturen haben eher eine „handelnde" Funktion, die auf Sicherheit ausgerichtet ist. Die oberen, neueren Hirnstrukturen sind dagegen eher auf das gedankliche Entwickeln orientiert und auf die Zukunft ausgerichtet.

Abbildung 7:
HBDI™ –
das Ganzhirn-Modell

Denken/Zukunftsorientierung

A
Rationales Ich

Rational-Logisches

**Der
Analytiker**
Fakten
Fragt „Warum?"

**Der
Organisator**
Funktion
Fragt „Wie?"

B
Sicherheits-
bedürftiges Ich

**Der
Visionär**
Fantasie
Fragt „Was?"

**Der
Personen-
orientierte**
Fühlen
Fragt „Wer?"

D
Experimentelles
Ich

Emotional-Intuitives

C
Fühlendes Ich

Handeln/Sicherheitsorientierung

Das Ganzhirn-Modell unterscheidet vier grundsätzliche Denk- und Verhaltensstile, die in direktem Zusammenhang mit den spezialisierten Denkstrukturen des Gehirns stehen. Denk- und Verhaltensstrukturen können am besten als eine Kombination von vier unterschiedlichen Ichs definiert werden:

Vier Ich-Funktionen

■ *Quadrant A:* Der rational-logisch Denkende (der „Analytiker") …
… ist kritisch, denkt logisch und abstrakt, analysiert Fakten, verarbeitet Zahlen, ist ziel- und ergebnisorientiert und braucht den Überblick.

■ *Quadrant B:* Der rational-logisch Handelnde (der „Organisator") …
… plant detailliert, organisiert und prüft, geht Schritt für Schritt vor, setzt Ideen um, findet Sicherheitsrisiken und kontrolliert.

- *Quadrant C:* Der emotional-intuitiv Handelnde (der „Personenbezogene") …
  … ist zwischenmenschlich, einfühlsam, gefühlsbetont, expressiv, teamorientiert, ganzheitlich orientiert und harmoniebedürftig.
- *Quadrant D:* Der intuitiv-emotional Denkende (der „Visionär") …
  … ist fantasievoll, expressiv, spontan, konzeptionell, denkt ganzheitlich, ist kreativ und risikofreudig.

Wichtig dabei ist die völlige Wertfreiheit dieser Einteilung. Keine dieser „Ich-Funktionen" ist besser oder schlechter als eine andere. Außerdem haben alle Menschen – da wir ja alle ein ganzes Gehirn haben – Zugang zu allen diesen unterschiedlichen Bereichen. Meist aber haben wir klare Präferenzen, welche Funktionen wir bevorzugt einsetzen.

So ergeben sich trotz der Einfachheit des Modells eine große Anzahl von Kombinationsmöglichkeiten, die verdeutlichen, dass jeder Mensch eine individuelle Art hat, mit Informationen umzugehen und die Welt und andere Menschen zu erfassen. Darüber hinaus hat jeder spezielle Methoden, spezifische Aufgaben zu erledigen.

Auch in diesem Modell wird schnell klar, wie Unterschiede und Ähnlichkeiten zu Konflikten und Blockaden führen können. Hier nur einige Beispiele:

- Der *Rational-Logische* bevorzugt beim Problemlösen die systematische Methode, geht Schritt für Schritt vor, während der *Emotional-Intuitive* mit Hilfe von Analogien denkt und versteht und Elemente miteinander verbindet, die auf den ersten Blick unverbunden scheinen.
- Der *Denker* durchdenkt zunächst alle Möglichkeiten und Perspektiven, die sich ergeben, während der *Handelnde* sich sofort an die Aufgaben macht.

- Der *Visionär* kann sich für zukunftsorientierte Ideen, die neue Chancen bieten, begeistern. Der *Organisator* hält sich lieber an Altbewährtes und Vertrautes.
- Der *Analytiker* setzt auf messbare Fakten, die er klar gegeneinander abwägt, während für den *Personenorientierten* das Wohlbefinden der Menschen und ihre Gefühle im Mittelpunkt stehen.

Hinzu kommt, dass Menschen spontan in der „Sprache" ihrer Präferenzen miteinander kommunizieren. Der Analytiker ist kurz, klar und präzise, macht nicht viele Worte und nimmt keine Rücksicht auf „Empfindlichkeiten". Der Organisator strukturiert seine Worte, erklärt sachlich richtig, genau und detailorientiert. Der Personenorientierte redet, um eine Atmosphäre zu schaffen, der Inhalt ist dabei oft nebensächlich. Der Visionär spricht in Bildern, unstrukturiert und oft leidenschaftlich begeistert.

Franz: *Na, da kann ich mir ja lebhaft vorstellen, wie die sich gegenseitig bewerten.*
Emil: *Was meinst du denn?*
Franz: *Ich glaube zum Beispiel, dass viele den Organisator für einen pingeligen Erbsenzähler halten.*
Emil: *Das kann gut sein, und den Analytiker für einen arroganten Wissenschaftler im Elfenbeinturm?*
Franz: *Genau, den Visionär dann für einen flatterhaften, oberflächlichen Clown und den Personenorientierten für ein emotionales Seelchen.*
Emil: *Hm, ganz schön hart diese Urteile, oder?*
Franz: *Stimmt, aber ich wollte einfach deutlich machen, dass ich wirklich kapiert habe, dass in Zusammenarbeit und Kommunikation wechselseitige negative Bewertung der Unterschiede zu Blockaden führen muss.*
Emil: *Hm, das ist dir gelungen. Und was ist die Lösung?*
Franz: *Die gegenseitige Akzeptanz und das Bewusstsein dafür, dass jeder Typ Stärken und Schwächen hat, auch wenn man*

die nicht auf Anhieb wahrnimmt, weil man ja seine eigene Brille auf hat.

Emil: *Das hört sich ja ganz gut an. Was man dafür tun kann, damit das auch wirklich klappt, steht bei den Tipps. Und jetzt kommen noch die unterschiedlichen Konflikttypen, das finde ich auch recht spannend und aufschlussreich.*

Konflikttypen nach Satir

Eine für Gesprächsblockaden sehr interessante Einteilung unterschiedlicher Persönlichkeitstypen bietet Virginia Satir. Sie hat Menschen in Konfliktsituationen beobachtet und unterscheidet deren unterschiedliche Herangehensweise. Sie werden feststellen, dass alle Typen „schlecht wegkommen". Es wird beschrieben, wie Menschen sich in Situationen benehmen, in denen ihr normales Verhalten unter Druck durch Stressverhalten ersetzt wird. Hier in Kurzform die vier Typen:

- *Der Beschwichtiger (Placater):*
  Dieser Typus missachtet sein eigenes Selbstwertgefühl, indem er zu allem „Ja" sagt. Er versucht zu gefallen, entschuldigt sich und vertritt keine eigene Meinung. Er spricht in einschmeichelnder Weise und braucht jemanden, der ihn anerkennt. Sein Auftreten ist eher leise bis zaghaft und rücksichtsvoll.
- *Der Ankläger (Blamer):*
  Er befindet sich im ständigen Machtkampf mit dem Gegenüber. Er ist ein „Fehlersucher", ein Diktator, ein Boss. Er handelt überheblich, und er scheint zu sagen: „Wenn du nicht wärst, wäre die Welt in Ordnung." Die Stimme ist hart, fest, bisweilen schrill und laut. Der wirkungsvolle Auftritt ist ihm oft wichtiger als der Inhalt der Kommunikation.
- *Der Rationalisierer (Computer):*
  Dieser Typ ist sehr kopflastig und kühl. Er verharmlost die Bedrohung und festigt seinen Selbstwert durch große Worte. Die eigene Befindlichkeit und die des Gegenübers

Vier typische Stressreaktionen

nimmt er kaum wahr. Man könnte ihn mit einem Computer oder einem Nachschlagewerk vergleichen. Die Stimme ist trocken und monoton; die Wörter klingen leicht abstrakt. Er tritt unbewegt, gespannt und steif auf.

■ *Der Ablenker (Distractor):*
Er ist ein Mensch, der sich Nähe wünscht, gleichzeitig aber Angst davor hat. Mit seiner Sprunghaftigkeit lenkt er die Aufmerksamkeit von Konfliktthemen weg. Seine Antworten beziehen sich selten auf das Gefragte. Die Stimme kann ein Singsang sein und passt oft nicht zu den Worten. Das Auftreten ist auffällig und reich an Gestik und Mimik.

Wenn ein Mensch sich Ihnen gegenüber in einer der oben beschriebenen Weisen verhält, steht er vermutlich unter Stress und muss sein Selbstwertgefühl schützen. Um insgesamt besser mit Konfliktsituationen umgehen zu können, ist es sinnvoll, wenn Sie von sich selbst wissen, zu welchem Verhaltenstyp Sie neigen, wenn Sie unter Kommunikations-Stress geraten. Meist haben wir nicht nur einen dieser Konflikttypen in unserem Verhaltensrepertoire, sondern mehrere. Manche fehlen uns komplett, manche wählen wir nur in ganz bestimmten Situationen.

Um Gesprächsblockaden zu vermeiden, ist die Frage interessant: Wie reagieren Sie im Konflikt auf die unterschiedlichen Typen? Mit einigen können Sie üblicherweise gut umgehen, auf manche reagieren Sie vermutlich „allergisch"!

Anders, besser oder schlechter?

Alle beschriebenen Modelle bieten leicht verständliche und plausible Typenunterscheidungen, die in schwierigen Gesprächssituationen sehr hilfreich sein können. Entscheiden Sie selbst, zu welchen Sie den leichtesten Zugang haben. Für diejenigen, die sich intensiver mit diesen Modellen auseinandersetzen möchten, weisen wir auf die Literaturliste im Anhang hin.

Sowohl Ähnlichkeiten als auch Unterschiede können zu Gesprächsblockaden führen. Es heißt: „Gleich und gleich gesellt sich gern!", aber manchmal führt genau das zum Konflikt. Und „Gegensätze ziehen sich an!" kann genauso Auslöser für eine Blockade sein.

Ob Ähnlichkeiten und Unterschiede zu einer Gesprächsblockade führen oder als nutzbringend und förderlich empfunden werden, hängt im Wesentlichen von einem positiv ausgeprägten Selbstwertgefühl ab.

Gleich und gleich gesellt sich gern?

Für den Fall, dass uns der Gesprächspartner ähnlich ist und wir diese Ähnlichkeit als angenehm empfinden, ist die Wahrscheinlichkeit, dass wir gut kommunizieren können, sehr hoch. Angenommen aber, ein Gesprächspartner betont diese Ähnlichkeit ausdrücklich und der andere fühlt sich dadurch manipuliert, so kann es zu einer Gesprächsblockade kommen. Zum Beispiel sagt jemand zu Ihnen: „Wir Frauen (Männer) müssen doch zusammenhalten!" Selbst dann, wenn Sie es positiv bewerten, eine Frau bzw. ein Mann zu sein, kommt es zu einer Blockade, wenn das Gefühl entsteht, dass Ihr Gesprächspartner diese Ähnlichkeit nur betont, damit Sie ihm zustimmen.

Ebenfalls schwierig wird es, wenn eine Ähnlichkeit besteht und wir diese negativ bewerten, z. B. wenn beide Personen gerne im Vordergrund stehen. Hier gibt es zwei Varianten:

■ *Variante A:* Es ist Ihnen bewusst, dass es Ihnen wichtig ist, im Mittelpunkt zu stehen. Und das gefällt Ihnen nicht. In diesem Fall kann es zu einer Gesprächsblockade kommen, weil Sie vermutlich ärgerlich reagieren werden, wenn sich Ihr Gesprächspartner in den Vordergrund drängt. Wenn Sie eine Eigenschaft bei sich ablehnen, lehnen Sie sie auch bei anderen ab. Je mehr Sie sich so akzeptieren, wie Sie sind, desto geringer wird die Wahrscheinlichkeit einer

Blockade, weil Sie auf ein entsprechendes Verhalten entspannt reagieren können.

<ul><li>Variante B: Es ist Ihnen nicht bewusst, dass Sie gerne im Mittelpunkt stehen. Und Sie finden es nicht gut, wenn sich jemand in den Vordergrund spielt. Dann ist sehr oft das, was Sie dem anderen vorwerfen, genau das, was Sie bei sich selbst nicht wahrhaben wollen oder können. Die Gesprächsblockade entsteht dann daraus, dass Sie genau diese Eigenschaft, die Sie bei sich selbst ablehnen, vehement beim anderen „bekämpfen". Sie kämpfen also eigentlich gegen sich selbst!</li></ul>

Projektion Der Fachausdruck für beide Varianten heißt *Projektion*. Nach Sigmund Freud ist Projektion das Verfolgen eigener Wünsche im anderen.

Franz: *Hm, schwierige Sache das mit der Projektion. Das versteh ich nicht ganz. Hast du nicht mal ein Beispiel?*

Emil: *Warte mal, ... Ja. Hab ich. Ich hatte mal einen Vorgesetzten, dem konnte ich es irgendwie nie recht machen. Ständig hat er mich kontrolliert und ich hatte überhaupt keinen Freiraum. Das hat mich echt genervt. Ich war – ehrlich gesagt – kurz davor zu kündigen.*

Franz: *Und dann?*

Emil: *Dann hab ich das mit der Projektion erfahren und da wurde mir klar, warum mich das Verhalten meines Chefs so extrem ärgerte!*

Franz: *Jetzt dämmert's mir! Du bist ja selbst ein Typ, der immer gerne den Daumen draufhält und alles unter Kontrolle haben möchte.*

Emil: *Genau. Und bis mir das klar wurde, hab ich immer gedacht, dass ich andere Menschen selbstständig arbeiten lassen kann. Und genau das hab ich auch von meinem Chef verlangt.*

Franz: *Und da war das ungefähr so, als ob du in den Spiegel guckst und dein Spiegelbild überhaupt nicht leiden kannst!*

Emil: *Genau. Ich hab das kontrollierende Verhalten bei meinem Chef bekämpft, weil ich mein eigenes Kontrollbedürfnis nicht sehen konnte.*

Franz: *Ah ja. Und jetzt kannst du akzeptieren, dass ihr euch ähnlich seid, und entspannter mit deinem Chef umgehen!*

Emil: *Ja. Nachdem ich mein eigenes Kontrollbedürfnis anerkannt habe und mittlerweile dazu stehe, kann ich auch mit dem Kontrollbedürfnis anderer Menschen gut zurechtkommen.*

Franz: *Hm, ich glaub, Projektion ist wirklich ein ganz wichtiges, wenn auch nicht ganz einfaches Thema.*

Gegensätze ziehen sich an?

Empfindet man jemanden als „anders" und möchte erfahren, wie sich dieses „Anderssein" auswirkt und eventuell, woher es kommt, dann ist die Wahrscheinlichkeit, dass eine Gesprächsblockade entsteht, relativ gering. Diese Neugier kann sogar sehr nützlich sein. Es wird uns bewusst, dass der Gesprächspartner anders denkt, und wir hören ihm aufmerksam zu, um ihn besser zu verstehen. Sie erinnern sich, dass aktives Zuhören einer der wichtigsten Tipps zur Vermeidung von Gesprächsblockaden ist.

Neugier kann nützlich sein

Sobald man allerdings Vergleiche anstellt und befindet, dass das Verhalten des anderen besser oder schlechter ist als das eigene, steigt die Wahrscheinlichkeit für eine Gesprächsblockade rapide an.

▨ *Variante A:* Sie bewerten das Verhalten des anderen höher als Ihr eigenes.

Ob es in diesem Fall zu einer Blockade kommt, hängt sehr stark davon ab, wie hoch Ihr Selbstwertgefühl ist. Ist Ihr Selbstwert positiv ausgeprägt, können Sie ruhig und gelassen anerkennen, dass der andere bestimmte Dinge besser macht als Sie. Ihre eigenen, davon verschiedenen

Die Bedeutung des Selbstwertgefühls

Fähigkeiten können Sie als gleichwertig daneben stehen lassen. Das Gespräch kann stressfrei ablaufen.

Bei einem zu schwachen Selbstwertgefühl kommt es leicht zu einer Gesprächsblockade, weil Sie sich entweder aufplustern oder den anderen abwerten müssen, um auf Augenhöhe zu kommen. Neid auf die Fähigkeiten des anderen spielt hier eine Rolle. Neid ist fast immer Ausdruck eines zu schwachen Selbstwertgefühls.

Sich für „besser" halten führt zu Blockaden

▨ *Variante B:* Sie bewerten das Verhalten des anderen geringer als Ihr eigenes.

Diese Variante ist häufiger anzutreffen als Variante A. Es ist in Ordnung, dass in der Regel jeder sein eigenes Verhalten oder seine Ideen für gut befindet. Wie sonst könnte jemand von sich überzeugt sein? Kritisch wird es, wenn wir uns für „besser" halten als den anderen. Genau darauf geht Susanne Klein in ihrem Buch *Wenn die anderen das Problem sind* ein: „Die meisten Menschen halten das, was sie im Kopf haben, für selbstverständlich und richtig. Und auch ihre Gefühlswelt erleben sie als objektiv. Und nicht nur das, eine neuere Untersuchung der Harvard-Universität wies sogar nach, dass sich die meisten Menschen besser als andere fühlen."

Sie ahnen sicher, dass Gesprächsblockaden programmiert sind, wenn alle so denken. Darüber hinaus ist dieses Denken Bestandteil der sozialen Identifizierung und trägt zur Entstehung von Vorurteilen bei (siehe dazu Kapitel 6).

Ähnlichkeiten und Unterschiede kreativ nutzen

Gesprächsblockaden entstehen nur dann, wenn wir das, was uns vom Gegenüber unterscheidet, negativ bewerten. Deshalb geht es in diesem Abschnitt im Wesentlichen darum, was Sie tun können, um die erkannten Ähnlichkeiten und Unterschiede nicht zu bewerten, sondern sie zu akzeptieren und kreativ zu nutzen.

Stärken Sie Ihr Selbstwertgefühl (I)

Ein wesentlicher Grund dafür, dass es uns so schwerfällt, Andersartigkeit einfach stehen zu lassen, liegt darin, dass dies unser Selbstbewusstsein (vermeintlich) schwächt. Bei positivem Selbstwertgefühl können wir anerkennen, dass es auch andere Wege gibt, erfolgreich zu sein, als unsere eigenen.

Angenommen, Sie sind der kreative Typ, Ihr Partner ist der gewissenhafte: Wenn Sie nun erkennen, dass beides gleich wichtig ist, könnten Sie zu der Einsicht gelangen, dass Ihnen etwas Wesentliches fehlt, nämlich das Gewissenhafte. Sie wären also „nicht so viel wert", als wenn Sie beides hätten, das Kreative und das Gewissenhafte. Je stärker Sie diesen Mangel empfinden, desto größer ist die Wahrscheinlichkeit, dass Sie das Andere ablehnen, um sich zu schützen.

Um das Andere annehmen und respektieren zu können, ja sogar die Bereitschaft zu entwickeln, die eigenen Fähigkeiten durch andere zu ergänzen, braucht man ein sehr gutes Selbstwertgefühl. Sich selbst wertzuschätzen und anzuerkennen ist so etwas wie eine Daueraufgabe für jeden Menschen.

Es gibt eine Vielzahl von Möglichkeiten, das Selbstwertgefühl zu stärken. Eine sehr verbreitete, für die Kommunikation allerdings äußerst kontraproduktive ist das „Schlechtmachen von anderen". Unabhängig davon, ob Sie das nur in Gedanken tun oder offen aussprechen, diese Methode funktioniert nur auf Kosten der anderen und auch nur dann, wenn diese mitspielen. Immer dann, wenn die anderen sich wehren – und das tun die meisten –, kommt es zu Gesprächsblockaden.

Eine weitere Möglichkeit, das eigene Selbstwertgefühl zu fördern, ist, sich Anerkennung von anderen zu holen. Das ist grundsätzlich eine sehr angenehme Methode, die viel häufiger wechselseitig angewendet werden sollte. Es ist einfach schön, wenn man anerkannt wird. Beschränkt man sich allerdings auf diese Möglichkeit, dann bleibt man letztlich abhängig davon. Insofern sollte Anerkennung und Lob von anderen eine Art „Bonbon" darstellen.

Sich selbst Gutes tun

Die „Basisnahrung" für das eigene Selbstwertgefühl sollte sich jeder selbst geben. Einige Tipps finden Sie nachfolgend aufgelistet. Was für Sie persönlich geeignet und wirksam ist, finden Sie am besten selbst heraus:

▪ *Der freundliche Plausch mit dem Spiegel*
Stellen Sie sich vor den Spiegel und versichern Sie sich glaubhaft: Ich find mich gut, genau so, wie ich bin. Sie können sich auch versichern, dass Sie sich lieben, akzeptieren, toll finden. Sie haben die freie Wahl. Einzige Vorgabe: Die Formulierung muss positiv sein!

▪ *Die „Ich lobe mich täglich selbst"-Methode*
Hierbei finden Sie täglich, vorzugsweise am Abend, mindestens eine „Sache", für die Sie sich selbst ganz konkret loben. Noch wirksamer wird diese Methode, wenn Sie diese Anerkennung schriftlich formulieren, sammeln und immer mal wieder hervorholen und lesen!

▪ *Die „Wie toll ich bin"-Liste*
Schreiben Sie eine Liste aller Eigenschaften und Fähigkeiten, die Sie an sich selbst mögen. Seien Sie dabei großzügig und sammeln Sie mindestens 20 (besser mehr) Eigenschaften und Fähigkeiten. Denken Sie auch an die kleinen Dinge. Sie finden es gut, dass Sie freundlich grüßen? Schreiben Sie es auf, es geht um Ihr Selbstwertgefühl, und je ausgeprägter das ist, desto besser!

Möglicherweise denken Sie bei diesen Methoden an den Spruch: „Eigenlob stinkt" und es ist Ihnen unangenehm, sich selbst zu loben. Handelt es sich hier vielleicht um Werte und Glaubenssätze, die Ihnen irgendwann vermittelt wurden? Wie wollen Sie in Zukunft damit umgehen? Auch wenn es für Sie zunächst eher ungewohnt ist, den eigenen Selbstwert anzuerkennen – er ist entscheidend, um Gesprächsblockaden zu vermeiden. Denn wer sich seiner selbst sicher ist, der kann viel besser damit umgehen, wenn der Gesprächspartner z. B. auf Konfrontationskurs geht.

Und wo ist die Grenze zur Arroganz? Ganz einfach: Ein positiv ausgeprägtes Selbstwertgefühl führt dazu, dass ich andere Menschen gleichwertig neben mir gelten lassen kann. Diejenigen, die es „nötig haben", sich selbst höher zu bewerten als andere, wirken arrogant und haben meistens ein zu schwaches Selbstwertgefühl.

Agieren Sie wertschätzend (A)

Je besser Ihr eigenes Selbstwertgefühl ist, umso leichter wird es Ihnen fallen, mit anderen Menschen wertschätzend umzugehen, und seien Ihnen diese noch so fremd. Auch dann, wenn es mit Ihrem eigenen Selbstbewusstsein noch nicht so gut bestellt ist, wird es sehr hilfreich sein, ganz bewusst wertschätzend zu agieren.

Dazu gehört zunächst einmal als wichtiger Standard das Zuhören (vgl. Kapitel 2). Gerade dann, wenn Sie Ihrem Gesprächspartner Wertschätzung vermitteln möchten, sind Anerkennung und Lob geeignete Mittel. Dazu könnten Sie es sich zum Beispiel zur Gewohnheit machen, sich bewusst zu überlegen:
- Was schätze ich an meinem Gesprächspartner?
- Was kann mein Gesprächspartner gut?
- Welche Eigenschaften meines Gesprächspartners bewundere ich?

Eine besondere Herausforderung liegt sicher darin, dem Gegenüber die Anerkennung ehrlich und glaubhaft zu vermitteln. Warum das nicht so einfach ist? Zum einen ist es eher unüblich, und das kann dazu führen, dass der andere misstrauisch reagiert, nach dem Motto: „Der will doch was von mir." Zum anderen müssen Sie auch wirklich daran glauben, dass es etwas gibt, das Sie an Ihrem Gesprächspartner schätzen, nur dann werden Sie auch etwas finden. (Lesen Sie dazu mehr im Kapitel 6 zur „sich selbst erfüllenden Prophezeiung".)

Franz: *Also, das ist ja wohl kein Problem. Wenn mir gar nichts einfällt, dann kann ich mir doch ein paar Standardformulierungen zurechtlegen.*

Emil: *Na ja, was glaubst du denn, wie gut die ankommen?*

Franz: *Na, wenn ich es mir so recht überlege, vielleicht doch nicht so gut. Denn erstens wird der Gesprächspartner das ja merken, dass es sich um ein Standardkompliment handelt, zweitens ist das Risiko hoch, dass es überhaupt nicht zu der Situation passt, und dann geht das Ganze bestimmt nach hinten los.*

Emil: *Hast du mal ein Beispiel?*

Franz: *Hm, ich überlege gerade. Eine Standardformulierung könnte doch sein, dass ich dem Gesprächspartner danke, dass er bereit ist, mit mir über die Gesprächsblockade zu diskutieren.*

Emil: *Stimmt. Und ich glaube sogar, dass das gut ankommt, denn es gehört ja schon etwas Mut dazu, Kritisches offen anzusprechen. Ist es möglicherweise doch eine ganz gute Idee mit den Standardformulierungen?*

Franz: *Ja, das Gefühl hab ich auch, wenn es nicht ausartet und zur Floskel wird, so nach dem Motto: „Ach Frau Müller, ich schätze es doch sehr, dass Sie immer den zu Ihrer Kleidung passenden Lippenstift benutzen."*

Emil: *Das ist aber auch extrem unpassend und selbst als Scherz ungeeignet.*

Franz: *Nun sei mal ein bisschen locker, ab und zu entspannt Humor die Situation erheblich. Und ob der Scherz geeignet ist, entscheidet schließlich Frau Müller.*

Emil: *Du hast Recht, wenn der Gesprächspartner deinen schrägen Humor versteht, ist es okay.*

Nutzen Sie Unterschiede kreativ (A)

Mit einem gesunden Selbstwertgefühl und wertschätzendem Verhalten dem anderen gegenüber wird es Ihnen leichtfallen, Unterschiede kreativ zu nutzen.

Dazu gilt es:

▨ die Unterschiede offen anzusprechen,

▨ die möglichen Auswirkungen nebeneinanderzustellen,

▨ die Relevanz für die Zielerreichung zu prüfen und

▨ zu vereinbaren, welche Eigenschaften an welcher Stelle für die Erreichung des jeweiligen Ziels genutzt werden sollen.

Ein Team von drei Personen soll eine Präsentation erstellen. Einer der drei ist besonders gründlich und detailorientiert, ein anderer sehr kreativ und der Dritte kommunikativ. Jetzt können sich diese drei entweder gegenseitig als Pedant, Chaot und Labertasche beschimpfen oder:

Im Team ergänzen sich Unterschiede hervorragend

▨ die Unterschiede offen ansprechen,

▨ sich klarmachen, dass

– Gründlichkeit und Detailorientierung vorteilhaft sind für die Überprüfung von Ideen, für die genaue Umsetzung, die Endkontrolle und viele andere Dinge,

– Kreativität benötigt wird zur Entwicklung neuer Ideen, Konzeptionen, Problemlösungsstrategien usw.,

– Kommunikationsfähigkeit wichtig ist zur Moderation im Team, bei Formulierungsfragen, zur Präsentation vor einem Auditorium usw.

Unterschiede auf diese Art und Weise kreativ zu nutzen, führt neben der Vermeidung von Gesprächsblockaden sogar zu deutlich besseren Arbeitsergebnissen. So können die Unter-

schiede zwischen Teammitgliedern, statt Blockaden zu ver-
ursachen, dazu dienen, dass sich die Einzelnen in ihren Fähigkeiten ergänzen. Und erst dann kann das Team insgesamt
mehr als die Summe seiner Teile leisten. Übrigens: Ein Paar
kann auch ein Team sein!

Schauen Sie in den Spiegel (I)

„Es gibt auch Spiegel, in denen man erkennen kann,
was einem fehlt."

FRIEDRICH HEBBEL

Die größte Herausforderung zum Schluss: Wir schauen in
den Spiegel, um uns selbst zu sehen. In den Ausführungen zu
„Gleich und gleich gesellt sich gern?" haben wir Ihnen die
Projektion erläutert. Sie haben erfahren, dass wir oft das, was
wir bei einer anderen Person negativ bewerten, selbst in uns
tragen, aber ablehnen. Das heißt, wir sehen unsere vermeintlich „schlechten" Eigenschaften im anderen und „bekämp-
fen" diese in ihm. Deshalb der Tipp: Wenn Sie sich über
einen Menschen und sein Benehmen ärgern, dann betrachten Sie ihn, als ob Sie in einen Spiegel schauen würden.
Fragen Sie sich:
- Was hat das mit mir zu tun?
- Was davon habe ich auch, will es aber nicht wahrhaben?
- Was genau ärgert mich so?

Speziell beim In-den-Spiegel-Schauen (wie auch bei den
anderen Tipps) kann es sehr hilfreich sein, wenn Sie sich
mit einer Person Ihres Vertrauens austauschen. So können
Sie nach und nach eine Menge neuer Erkenntnisse über
sich selbst gewinnen, Ihr Selbstbild schärfen und das alles
dazu nutzen, um stressfreier und cleverer zu kommunizieren.

Überschreiten Sie die rote Linie (A)

Nehmen Sie Unterschiede und Ähnlichkeiten doch einmal von der humoristischen Seite! Sie haben es im Dialog zwischen Franz und Emil sicher schon bemerkt: Das mit dem Humor ist so eine Sache. Dennoch, wenn das Gespräch völlig zu blockieren droht, können Sie es durchaus einmal mit einer humorvollen Übertreibung versuchen. Dazu ist Folgendes zu berücksichtigen:

Mit Humor geht alles besser

Nehmen Sie sich selbst auf die Schippe, denn:

- Wenn Sie versuchen, Ihren Gesprächspartner auf den Arm zu nehmen und er sich absichtlich schwer macht, dann heben Sie sich am Ende noch einen Bruch, und
- wenn Sie Ihr Selbstwertgefühl ausgiebig gestärkt haben, verhindern Sie mit dieser Methode, dass Sie abheben und jeden Bodenkontakt verlieren.

Prüfen Sie, ob es überhaupt „Ihr Ding" ist, witzig zu sein. Wenn ja, prima, dann fällt Ihnen bestimmt etwas ein. Wenn nicht, dann schauen Sie sich wahllos schlechte Comedy-Sendungen an und Sie werden bestätigt finden, was Sie immer schon wussten: An den Haaren herbeigezerrte Scherze sind nicht wirklich witzig, sondern eher nervig.

6 „Der ist profilierungssüchtig und spielt sich immer in den Vordergrund ...“

„Es ist schwieriger, eine vorgefasste Meinung zu zertrümmern als ein Atom.“

ALBERT EINSTEIN

In der Hitliste der nervigsten Kommunikationsmuster rangiert der Gesprächspartner, der profilierungssüchtig ist und sich immer in den Vordergrund drängt, auf Rang drei. Woher aber wissen wir, dass „Profilierungssucht“ das Verhalten des anderen bestimmt, und woher wollen wir wissen, dass der Gesprächspartner sich *immer* – also auch in Zukunft – in den Vordergrund drängen wird? Könnten sich nicht auch in der Beurteilung des „als Streithammel bekannten“ Gesprächspartners (Rang 13) sowie seines Gegenspielers, dem „Harmoniesüchtigen“ (Rang 10), Unterschiede zu Vorurteilen verfestigt haben?

In unserer Befragung zur Hitliste der nervigsten Kommunikationsmuster gaben uns einige Befragte unter anderem folgende Beispiele: „Eine Gesprächsblockade entsteht bei mir, wenn der Gesprächspartner Vorurteile hat und mein Verhalten dahingehend interpretiert.“ Oder: „Eine Gesprächsblockade entsteht bei mir, wenn sich mein Gesprächspartner menschenverachtend und rassistisch äußert.“ Diese

116

Aussagen machen deutlich: Vorurteile können der Grund für Gesprächsblockaden sein. Ja, Blockaden verfestigen sich sogar noch, wenn sie auf Vorurteilen basieren. Vorurteile erzeugen sozusagen eine Sogwirkung! Blockaden sind daher ausgesprochen schwer zu lösen, wenn Vorurteile im Spiel sind.

In diesem Kapitel geht es im ersten Teil darum, wie und warum Vorurteile entstehen und wie sie bei der Entwicklung und Verfestigung von Gesprächsblockaden mitwirken. Zunächst beschäftigen wir uns mit der Frage, welche positiven und negativen Auswirkungen es hat, wenn wir unseren Gesprächspartner schon im Vorfeld beurteilen und sein Verhalten voraussehen. Dazu gehört auch ein Verständnis dafür, wie es zu Vorurteilen kommt. Hierzu stellen wir Ihnen drei Theorien der Sozialpsychologie vor, die in ihrem Zusammenspiel die Entstehung und Sogwirkung von Vorurteilen veranschaulichen.

Wie können Sie verhindern, dass Ihre Vorurteile negativen Einfluss auf den Gesprächsverlauf haben? Und was können Sie tun, wenn Sie selbst mit den Vorurteilen Ihres Gesprächspartners konfrontiert werden? Können Sie dieses ganz normale menschliche Verhalten eventuell sogar nutzen, um Gesprächsblockaden zu vermeiden oder aufzulösen? Diese Fragen werden wir im zweiten Teil dieses Kapitels behandeln.

Die Sogwirkung von Vorurteilen bewusst machen

Vorurteile sind deshalb von besonderer Bedeutung für das Entstehen von Konflikten,

- weil sie auch eine positive Funktion, einen Sinn haben und
- weil sie einen besonders starken Filter bilden.

117

(Un-)Sinn von Vorurteilen

Was ist ein Vorurteil? Charakteristisch für ein Vor-Urteil ist ein Urteil, das auf sehr wenigen, ungenügenden Realitätsprüfungen oder Erfahrungen basiert. Vorurteile können sogar ohne eigene Erfahrungen entstehen, indem sie ohne Hinterfragen übernommen werden (siehe Kapitel 4, Abschnitt *Erlernte Normalität*). Das Vorurteil enthält starre Verallgemeinerungen. Es stellt sich als selbstverständliche oder unwiderlegbare Überzeugung dar. Vorurteile beinhalten immer eine Bewertung von Menschen, Gruppen oder Sachverhalten, wie: *„Frauen können nicht Auto fahren"* oder *„Dicke sind unsportlich"*. Diese Bewertung kann sowohl positiv als auch negativ sein.

In unserem Alltag bezeichnen wir als Vorurteil ausgeprägt positive oder negative Einstellungen eines Menschen, wenn wir selbst diese nicht für realitätsgerecht halten und der Gesprächspartner trotz Gegenargumenten nicht von seiner Meinung abrückt.

Da wir in unseren Urteilen zumeist nur unsere Sichtweise wiedergeben und Urteile fast immer gewisse Verallgemeinerungen enthalten, sind in jedem Urteil Momente des Vorurteilshaften zu finden. Zunächst einmal müssen wir uns – auch, wenn es nicht leichtfällt – eingestehen: Jeder Mensch hat Vorurteile! (Das zumindest ist das Vorurteil der Autorinnen und das vieler Wissenschaftler!)

Hilfreiche Schubladen Wissenschaftler gehen davon aus, dass das Gedächtnis in so genannten assoziativen Netzwerken aufgebaut ist. Denken wir z. B. das Wort „Weihnachten", dann wird im Gehirn nicht nur dieser Begriff aufgerufen, sondern automatisch viele Aspekte, die wir mit Weihnachten verbinden, etwa „Tannenbaum" und „Gänsebraten". In jedem Gehirn schlummern ungeahnt viele solcher Assoziationen. Der Mensch neigt von Natur aus dazu, die Informationen aus seiner Umwelt in Schubladen einzusortieren. Dies ist vorteilhaft, um die kom-

*bin mal wieder der Blöde, der alles neu sortieren kann! Du
lässt dich eben von vorne bis hinten bedienen."*

Milli: *„Du gehörst ja wohl zu den Super-Peniblen. Da brauche
ich ja auch nichts zu ändern. Dir kann man es sowieso nicht
recht machen! Sieh doch zu, wie du deinen Locher wieder
sauber bekommst. Ich werde den nie wieder anrühren!"*

Mark: *„Hab ich doch gleich gewusst. Du wirst dich nie ändern!
Schau mal auf deinen Schreibtisch! Da stapelt sich schon
wieder alles! Und du wunderst dich, dass alle dich für eine
Chaotin halten? Und sich darüber ärgern, dass sie für dich
den Dreck wegmachen müssen!"*

Milli: *„Du mit deinen festgefahrenen Strukturen verschwendest
deine ganze Energie auf dein ‚superwichtiges' Ordnungs-
system ... Ich dagegen bin wenigstens kreativ! Und das führt
zu Ergebnissen, und die brauchen wir schließlich, wenn wir
zu denen gehören wollen, die etwas bewegen!"*

Und so kann es endlos weitergehen, heute, morgen und ...

Attributionstheorie

Attributionen sind Meinungen oder Überzeugungen über
die Ursachen von Ereignissen und Sachverhalten. Attribu-
tionstheorien beschreiben, unter welchen Bedingungen
Menschen welche Ursachenzuschreibungen vornehmen, um
sich das Verhalten von anderen Personen oder ihr eigenes
Verhalten zu erklären. Nach Heider (1958) gibt es vier zen-
trale Ursachen für menschliches Verhalten:

- Anstrengung
- Fähigkeit
- Zufall
- Schwierigkeit bzw. Leichtigkeit einer Aufgabe

Der Hauptvorteil dieser Ursachenzuschreibungen besteht
darin, dass dadurch die Anzahl der Faktoren, die betrachtet
werden müssen, wenn man sich ein Ergebnis erklären will,
überschaubar bleibt. Von Nachteil ist, dass möglicherweise
wahre Gründe vollständig übersehen werden.

Es hat keinen Sinn, alle möglichen Ursachenattributionen aufzuzählen, denn diese unterscheiden sich von Person zu Person und von Ergebnis zu Ergebnis. Stattdessen hat sich die Forschung bemüht, Merkmale zu bestimmen, die den meisten Ursachenzuschreibungen gemeinsam sind:

Dimensionen von Ursachenzuschreibungen

- Liegt die Ursache in der handelnden Person (*internal*) oder außerhalb dieser Person (*external*)? Fähigkeit und Anstrengung werden z. B. häufig dem Menschen selbst zugeschrieben. Die Aufgabenschwierigkeit oder der Zufall werden mehr mit externen Faktoren verbunden.
- Die *Stabilität* über die Zeit meint, ob eine Ursache immer wieder gleich auftritt oder zeitlich variiert. Fähigkeit und Aufgabenschwierigkeit bewerten die meisten Menschen als relativ stabil, Anstrengung und Zufall dagegen eher als zeitlich variabel.
- Die *Kontrollierbarkeit* (kontrollierbar versus unkontrollierbar) beschreibt, wie viel Einfluss eine Person auf die Ursache hat. Von den vier zentralen Ursachen wird in der Regel nur die Anstrengung als kontrollierbar angesehen.
- Die *Globalität* bezieht sich darauf, inwieweit eine Ursache in einer Vielzahl von Situationen wirkt oder nur spezifisch für ähnliche Situationen gesehen wird. Mangelnde allgemeine Fähigkeit oder Intelligenz wird z. B. häufig als wirksame Ursache in zahlreichen Situationen angesehen, während die meisten mangelnde technische Begabung nur als Ursache in Situationen betrachten, in denen es um die Lösung technischer Probleme geht.

Ereignisse können also durch verschiedene Gründe erklärt werden. In der folgenden Tabelle sehen Sie, welche Ursachenzuschreibungen Mark und Milli vornehmen:

Die Ursache für ein Ereignis wird attribuiert:

intern: von innen, von der Person ausgehend Mark: *„Milli ist eine unverbesserliche Chaotin …"*	**extern:** von außen, die Umgebung betreffend Milli: *„Mark sieht meine Bemühungen nicht."*
stabil: Es ist immer so. Mark: *„Seit ich sie kenne, ist das schon so …"*	**variabel:** heute, veränderlich Milli: *„Nur gestern habe ich den Locher benutzt …"*
kontrollierbar: Man kann es steuern. Mark: *„Milli könnte sich leicht ändern, will es aber nicht."*	**unkontrollierbar:** Man kann es nicht steuern. Milli: *„Mark kann ich es doch nie recht machen."*
global: allgemein Mark: *„Alle wissen, Milli ist unordentlich ."*	**spezifisch:** eine Person oder Sache betreffend Milli: *„Er ist der Einzige, der mich für chaotisch hält."*

Vorurteile – und damit Gesprächsblockaden – entstehen umso eher und verfestigen sich umso mehr, je mehr man das Verhalten anderer Personen internen, stabilen, kontrollierbaren und globalen Ursachen zuschreibt, also glaubt, dass sich jemand willentlich so und nicht anders verhält.

Tabelle 4: Dimensionen der Ursachenzuschreibung

Die Regeln der Urteilsbildung und der Entscheidungsfindung funktionieren normalerweise gut. Unter manchen Umständen jedoch verleiten sie uns zu voreiligen falschen Überzeugungen und falschen Handlungen. Sie wissen sicherlich, dass das, was Sie tun, auch davon abhängt, mit wem Sie zusammen sind. Ihren Eltern gegenüber benehmen Sie sich auf eine ganz bestimmte Art und Weise, anders verhalten Sie sich bei Ihren Vorgesetzten oder Ihren Kollegen. Und wieder anders gehen Sie mit Ihren besten Freunden oder mit dem Lebenspartner um. Sie wissen, dass diese Variationen nicht bedeuten, dass Ihr Verhalten zufällig oder kapriziös ist. Vielmehr bringen unterschiedliche Menschen und unterschiedliche Situationen verschiedene Aspekte Ihrer Persönlichkeit zum Vorschein und rufen deshalb unterschiedliche Reaktionen hervor.

Verzerrungen der sozialen Wahrnehmung

Andere Menschen erkennen aber normalerweise nicht, welche Rolle sie in Bezug auf die Gestaltung Ihres Verhaltens spielen! Ihre Eltern z. B. sind überzeugt davon, dass sie Sie kennen, und haben keine Vorstellung davon, wie Sie sich benehmen, wenn sie nicht dabei sind. Sie attribuieren Ihr Verhalten üblicherweise auf internale Faktoren wie Ihren Charakter und nicht auf externale, die durch ihre eigene Gegenwart erst geschaffen werden. In unserem Beispiel erkennen weder Milli noch Mark, wie ihre eigene Rolle das Verhalten des anderen beeinflusst.

Der Beobachter der Situation nimmt die Ursache des Handelns also häufig anders wahr als der Akteur selbst! Die eingeschränkte Sichtweise der Betroffenen führt oft zu Blockaden im Gespräch.

Eine weitere Verzerrung dient der Aufrechterhaltung eines positiven Selbstbildes. Für ein gesundes Selbstvertrauen ist es natürlich wichtig, dass man gute Erfahrungen und Erfolge eher intern und negative Erfahrungen und Misserfolge eher extern attribuiert. So schreiben wir uns beispielsweise sehr viel höhere Verdienste für unsere Erfolge zu und finden sehr viel mehr Entschuldigungen für unsere Misserfolge. Wenn etwas gut funktioniert, neigen wir zu dem Glauben, dass wir die Dinge unter „Kontrolle“ haben. Gibt es Schwierigkeiten, dann liegt das oft an den Umständen oder es war Zufall.

Zurück zu unserem Beispiel: Mark ist der Überzeugung, dass nur seine ordentliche Art zum Erfolg in Projekten führt. Milli dagegen hält diese Fähigkeit für nebensächlich und eher ihre Kreativität für *den* Erfolgsfaktor.

Soziale Identifizierung

Diese Theorie von Tajfel und Turner beruht auf der Identifikation einer Person mit einer (ihrer) Gruppe. Diese Gruppe macht einen wichtigen Teil unseres Selbstkonzeptes aus. Unser Selbstwertgefühl speist sich nicht nur aus persönlicher Leistung, sondern es wird auch durch Gruppenleistungen angereichert. Man entwickelt somit ein Vorurteil über sich selbst. Hinzu kommt die Tendenz, die eigene Gruppe zu bevorzugen (*Ingroup Bias* oder *Eigengruppen-Verzerrung*).

Die soziale Identifizierung beruht auf drei Pfeilern:
- Menschen wollen eine positive Selbsteinschätzung erhalten oder herstellen.
- Menschen leiten einen Teil ihrer sozialen Identität aus ihren Gruppenzugehörigkeiten und den Bewertungen dieser Gruppen ab.
- Die Bewertung der eigenen Gruppen ergibt sich aus dem Vergleich mit relevanten anderen Gruppen.

Effekte von Gruppenzugehörigkeit

Welche Effekte die Zugehörigkeit zu einer Gruppe haben kann, wird in der folgenden Untersuchung von Tajfel und seinen Mitarbeitern (1970 und 1971) deutlich: Versuchspersonen betrachteten Gemälde, die ihnen sehr gefielen. Dabei wurden ihnen scheinbar zufällig unbekannte Personen vorgestellt, die dasselbe Gemälde entweder auch sehr mochten (also zu einer *Ingroup* = *Eigengruppe* wurden) oder stark ablehnten (zur *Outgroup* = *Fremdgruppe* wurden). Später sollten die Probanden in einem Scheinexperiment Geld der Eigen- oder der Fremdgruppe zuweisen. Der Eigengruppe wurde deutlich mehr Geld zugewiesen.

Bei der Tendenz, die Eigenschaften der eigenen Gruppe höher zu bewerten als die einer anderen Gruppe, wirken die gleichen Zusammenhänge wie in der oben beschriebenen Attributionstheorie: Die positiven Ereignisse und die Erfolge werden stabilen, internen Merkmalen der eigenen Gruppe zugeschrieben, die negativen Ereignisse und Misserfolge extern attribuiert, gegebenenfalls auch auf andere Gruppen. Hinzu kommt, dass wir uns selbst mit den Taten unserer Gruppe identifizieren und die positiven Merkmale ungeprüft auf uns und alle Gruppenmitglieder übertragen. Ebenso übertragen wir die negativen Merkmale anderer Gruppen ungefragt auf jedes Gruppenmitglied. Hier gibt es wieder eine Vielzahl von Möglichkeiten, Vorurteile zu bilden und zu vertiefen.

Milli identifiziert sich mit den „Kreativen", die etwas bewegen und festgefahrene Strukturen in Frage stellen. Mark dagegen ordnet sie der Gruppe „Unordentliche Chaoten" zu, die andere für sich arbeiten lassen.

Wie Sie schon im Kapitel 5 gelesen haben, kann es auch bei der ungeprüften Übertragung von positiven (Gruppen-) Eigenschaften auf den Gesprächspartner zu Irritationen kommen. Er wird nicht mehr wahrgenommen, wie er wirklich ist, sondern wir weisen ihm unbewusst eine Rolle zu, die er – so ist unsere Erwartung – ausfüllen muss. Dadurch kann sich der andere manipuliert fühlen. So kann es jederzeit irritieren, wenn eine Person ein anderes Rollenverhalten zeigt, als es den üblichen Vorurteilen entspricht. Denken Sie einmal an Lehrer, die den Kindern erlauben, sich bei Klassenarbeiten gegenseitig zu helfen. Oder an einen Pfarrer, der im Altarraum Trommelworkshops abhält.

Die sich selbst erfüllende Prophezeiung

Die *sich selbst erfüllende Prophezeiung* ist eine Vorhersage, die sich erfüllt, nur weil sie vorhergesagt oder erwartet wurde. Robert K. Merton stellte schon 1968 die Theorie auf, dass und wie man selbst auf die Umwelt Einfluss nimmt und versucht, sie so in die Richtung zu verändern, mit der man rechnet. Dies hat möglicherweise extreme Folgen. So kann eine „falsche" Prognose (etwa: „Morgen geht die XYZ-Bank pleite!") dazu führen, dass die bisher vollkommen solide XYZ-Bank durch einen jähen Abzug aller Gelder ihrer Gläubiger insolvent wird und wirklich bankrottgeht.

Die sich selbst erfüllende Prophezeiung funktioniert sowohl bei positiven wie bei negativen Erwartungen. Vielfach wird ihr z. B. die Wirkung von Horoskopen zugeschrieben. So führen Kritiker an, dass sowohl positive wie negative Vorhersagen (etwa: „Du wirst in dieser Woche beruflichen Erfolg haben" oder „Sei diese Woche vorsichtiger auf deinen Autofahrten") zu einer Änderung des Verhaltens führen könnten. Man wird fleißiger arbeiten bzw. vorsichtiger sein, wodurch sich die Prophezeiung erfüllen könnte.

Wie ungeheuer machtvoll eine einmal in die Welt gesetzte Prophezeiung sein kann, sehen wir an der Studie von Robert Rosenthal und Leonore Jacobson, die Lehrererwartungen und Intelligenzentwicklungen von Schülern untersucht haben. In dieser Studie erhielten Lehrer eine vorweggenommene Einschätzung ihrer Schüler (etwa dumm, klug usw.). Auch wenn diese Einschätzung der Realität nicht entsprach, bestätigte sie sich im späteren Verlauf, und zwar dadurch, dass der Lehrer seine Erwartungen in subtiler Weise den Schülern übermittelte, z. B. durch die Wartezeit auf eine Schülerantwort, durch Häufigkeit und Stärke von Lob oder Tadel, durch stärkere oder schwächere Beachtung der Schüler und unterschiedlich hohe Leistungsanforderungen.

Wenn wir alle diese theoretischen Erkenntnisse zusammenfassen, erhalten wir ein klares Bild, wie Vorurteile entstehen und welche Sogwirkung sie entfalten können. Greifen wir das Beispiel von Milli und Mark wieder auf:

Sogwirkung von Vorurteilen am Beispiel

Mark stellt für sich fest (und sagt es auch für die Zukunft voraus), dass Milli eine unverbesserliche Chaotin ist. Er blendet deshalb Millis Bemühungen unbewusst aus. Er interpretiert ihr Verhalten immer vor dem Hintergrund seines Vorurteils, dass sie „unordentlich ist" (intern und stabil attribuiert). Damit verbindet er die Eigenschaften „Rücksichtslosigkeit" und „sich von anderen bedienen lassen".

Milli hat sich bemüht, muss aber erkennen, dass ihre Anstrengungen erfolglos sind. Um ihr Selbstbewusstsein aufrechtzuerhalten, muss sie ihr Verhalten für „gut" befinden, sich selbst einer positiven sozialen Gruppe zuordnen, Mark dagegen zu einer anderen, „schlechteren" Gruppe. Milli sieht in Mark einen Vertreter der „Super-Peniblen", denen man sowieso nichts recht machen kann. Bald wird sie keine Lust mehr haben, gegen Marks feststehende Meinung anzukämpfen, und sich der Einfachheit halber ihrem üblichen Verhalten zuwenden. Sie wird ihr Benehmen mit Marks „Borniertheit" begründen und ihre eigenen Fähigkeiten in den Himmel loben.

Mark wird sich in seiner Meinung bestätigt fühlen und somit ebenfalls die Ursache für den Streit extern, nämlich bei Milli finden. Die Gesprächsblockade ist perfekt.

Mit Methode
an Vorurteile herangehen

„Ein Verstand, der die Füße in einem Sack von Vorurteilen stecken hat, der kann nicht nach dem Ziel laufen."

BETTINA VON ARNIM

Das Beispiel von Mark und Milli macht uns klar, wie schwierig es ist, aus so einer „verfahrenen" Situation herauszukommen. Hier wirken ganz normale menschliche Mechanismen, die dazu dienen, dass wir unser Selbstwertgefühl aufrechterhalten. Gesprächsblockaden können gelöst werden, wenn man es versteht, mit den eigenen Vorurteilen sinnvoll umzugehen und Vorurteilen von anderen „verständnisvoll" zu begegnen. Wie können wir damit umgehen oder eventuell sogar unsere „Disposition", Vorurteile zu entwickeln, zu unserem Vorteil nutzen?

Arrangieren Sie den Blumenstrauß der eigenen Vorurteile neu (I)

Holen Sie Ihre unbewussten Meinungen an die Oberfläche – finden Sie heraus, wo Ihre persönlichen Vorurteile liegen:

- Was denken Sie wirklich über Männer und Frauen?
- Was denken Sie über Autofahrer mit bestimmten Kennzeichen?
- Was denken Sie über Menschen, die viel mehr Geld haben als Sie, und über solche, die viel weniger Geld haben als Sie?
- Was denken Sie über Muslime und was über Christen?

Das ist der erste Schritt. Wie Sie in Kapitel 5 gelesen haben, sind möglicherweise viele Ihrer Vorurteile Spiegel für Sie!

Überdenken Sie auch Ihre Attributionen und beachten Sie, dass Sie andere vielleicht bisher falsch eingeschätzt haben. Fragen Sie sich dazu:

Was schreiben Sie anderen zu?

- Was erwarte ich von meinem Gesprächspartner?
- Welches Ziel hat mein Gegenüber in meinen Augen?
- Was glaube ich, ist der Grund für das bisherige Verhalten meines Gesprächspartners?

Gestehen Sie einem anderen zu, dass Verhaltensweisen, die Sie an ihm/ihr beobachten, nicht stabil der Person zugeschrieben werden müssen, sondern von den äußeren Umständen oder sogar von Ihnen (und Ihren Vorannahmen) abhängen können. Geben Sie Ihrem Gegenüber die Chance, sich zu ändern und ein anderes Verhalten zu zeigen, und nehmen Sie diese Änderungen bewusst wahr.

Lassen Sie die Schubladen offen (I)

Es ist nur natürlich, dass wir unsere Mitmenschen in Schubladen stecken. Aber bitte: Lassen Sie diese Schubladen offen und achten Sie darauf, wenn jemand wieder heraus möchte. In unserem Beispiel hatte Milli offensichtlich schon eine Weile versucht, aus der Schublade mit der Aufschrift „unordent-liche Chaotin" herauszukommen. Dies war aber Mark nicht ins Bewusstsein gedrungen. Die Lösung dieser Gesprächs-blockade ist leicht, wenn beide Gesprächspartner sich darü-ber klar werden, dass sie dem anderen mit Vorurteilen entge-gentreten, die unweigerlich dazu führen, dass der andere sein negatives Verhalten verstärkt zeigen wird.

Wenn Sie erreichen möchten, dass Ihr Gesprächspartner ein anderes Verhalten als das bisherige zeigt, ist es völlig irrele-vant, ob Ihre Vorurteile richtig oder falsch sind!
„Wenn du das tust, was du schon immer getan hast, wirst du das erhalten, was du schon immer bekommen hast. Wenn du das bekommen möchtest, was du schon immer haben wolltest, aber nie bekommen hast, tu etwas anderes."

Diesem wunderbaren Satz von Paul Watzlawick möchten wir noch einen wichtigen Punkt hinzufügen: „Wenn du das be-kommen möchtest, was du schon immer haben wolltest, aber nie bekommen hast, *denk* etwas anderes."

Geben Sie Ihrem Gesprächspartner und sich eine Chance, indem Sie sich Ihrer eigenen Vorurteile über den anderen bewusst werden und sie beiseiteschieben. Dann überprüfen Sie an der Realität, ob sich jetzt nicht ein neues Bild ergibt. Helfen kann Ihnen dabei, wenn Sie sich in kritischen Situa-tionen an Ihr Gesprächsziel erinnern und sich darüber klar werden, dass Sie dies am ehesten mit einer unvoreingenom-menen Einstellung Ihrem Gesprächspartner gegenüber er-reichen werden.

Was tun, wenn man mit Vorurteilen konfrontiert wird? (A)

Selbstverständlich fällt es uns eher auf, wenn wir selbst mit Vorurteilen belegt werden. Dabei gibt es zwei Arten von „Ma-nipulationstechniken":

Für jeden ist es schlimm, wenn er mit negativen Vorurteilen konfrontiert wird, wie z. B. der Einordnung als „unordentlicher Chaot" oder als „blondes Dummchen". Hier fällt es schwer, sich von der Bewertung und den damit verbundenen Verhaltensweisen zu lösen. Bestimmt waren auch Sie schon einmal in der Situation, zu einer „minderwertigen" Gruppe gezählt und „abgestempelt" zu werden. Was tun Sie dann? Kämpfen Sie dagegen an oder ergeben Sie sich in Ihr Schicksal und genießen die „Narrenfreiheit"?

Negative Vorurteile

Auf einer anderen Ebene – aber ebenso manipulativ – wirken scheinbar „positive" Vorurteile, wie z. B. „Du bist doch ein gutes Mädchen, das immer an andere zuerst denkt!" oder „Wir als Eltern wissen ja genau, wovon wir reden!". In diesem Fall versucht Ihr Gesprächspartner Sie dazu zu bringen, etwas Bestimmtes zu tun, indem er Sie in eine Gruppe einordnet, in die Sie (oder besser jeder) gerne gehören möchten. Das Verhalten dieser Gruppe – das dem Gesprächspartner angenehm ist – wird sodann automatisch auch Ihnen zugeschrieben und von Ihnen erwartet (soziale Identifizierung).

Positive Vorurteile

In der Kommunikationswissenschaft zählen solche Verallgemeinerungen zu den „Killerphrasen", denn sie „killen" oder verhindern jedes echte Gespräch. Es sind Manipulationstechniken, mit denen man sich entweder vom anderen distanziert oder versucht, ihn auf seine Seite zu ziehen. Es gibt mehrere Möglichkeiten, damit zurechtzukommen:

Zuallererst: Lassen Sie sich nicht dazu verleiten, sich zu rechtfertigen oder beweisen zu wollen, dass Sie nicht zu der Gruppe der „Minderwertigen" gehören. Damit kämpfen Sie auf verlorenem Posten und zudem eröffnen Sie einen „Nebenkriegsschauplatz", der nur Energie kostet und zu nichts führt. Probieren Sie lieber Folgendes:

Umgang mit Manipulation

- Bleiben Sie sachlich und ruhig. Behalten Sie Ihr Ziel im Auge. Ignorieren Sie versteckte Andeutungen, Vorurteile und Manipulationstechniken. Gehen Sie nicht darauf ein oder tun Sie sie höchstens in einem Nebensatz ab.

Beispiele:

- *„Mal abgesehen davon, dass ich blond bin, was halten Sie von …"*
- *„Unabhängig davon, ob ich in Ihren Augen ein unordentlicher Chaot bin oder nicht, möchte ich klarstellen, dass …"*
- *„Das ist ja nett, dass Sie mich für ein gutes Mädchen halten, dann müsste ich Ihnen in Punkt x natürlich zustimmen. Dennoch lassen Sie mir bitte die Möglichkeit, auch y in Betracht zu ziehen."*

▓ Sprechen Sie Ihren Gesprächspartner ruhig auf das „Vorurteil" an, fragen Sie nach seinen Beweggründen und Zielen.

Beispiele:

- *„Wie kommen Sie zu der Annahme, dass …"*
- *„Was macht Sie so sicher?"*
- *„Wenn ich in Ihren Augen ein „unordentlicher Chaot" bin, wie sollte ich mich denn in der Zukunft anders verhalten?"*

▓ Geben Sie konstruktives Feedback. Dieses besteht aus Ihrer Wahrnehmung der Situation, Ihrer Interpretation, Ihrem persönlichen Empfinden/Gefühl und Ihrem Verhaltenswunsch.

Beispiel:

- *„Du hast mir gesagt, dass ich immer chaotisch bin. Daraus schließe ich, dass du nicht bemerkt hast, dass ich in den letzten zwei Wochen nichts mehr habe herumliegen lassen. Ich fühle mich nicht gewürdigt in meinen Bemühungen, dir entgegenzukommen. Ich wünsche mir, dass du das mitkriegst, wie ich mich anstrenge."*

▓ Wechseln Sie auf die so genannte „Metaebene", das „Gespräch über das Gespräch". Konfrontieren Sie Ihren Gesprächspartner mit seinen Vorurteilen und den Konsequenzen, die daraus erwachsen.

Beispiele:

- *„Ich habe den Eindruck, Sie haben gar kein Interesse an einer*

*konstruktiven Lösung, denn so wie Sie mich „abstempeln"
habe ich überhaupt keine Möglichkeit, mich anders zu verhalten! Welche neue Basis können wir finden, um zu einem
Ergebnis zu kommen?"*
– *„Durch Ihre Aussage machen Sie mich zu einem X! Damit
habe ich nicht mehr die Möglichkeit, mein Verhalten zu ändern. Möchten Sie Ihre Meinung über Xe bestätigen oder
möchten Sie eine Lösung für unser Y-Problem finden?"*

Nutzen Sie die sich selbst erfüllende Prophezeiung (A/I)

Die sich selbst erfüllende Prophezeiung besagt, dass das, was
Sie im Vorfeld erwarten – ob positiv oder negativ –, „Realität"
wird: Gedanken werden zu Fakten.

Geben Sie also dem Gespräch und Ihrem Gesprächspartner
eine Chance. Dies ist leichter, als Sie möglicherweise glauben.
Sorgen Sie dafür, dass sich Ihre Wahrnehmung auf die positiven Aspekte Ihres Gegenübers richtet.

Gutes vom anderen denken

Vor einem Gespräch:
- Denken Sie Gutes von Ihrem Gesprächspartner.
- Stellen Sie sich vor, dass das Gespräch einen positiven Ver-
  lauf nimmt.
- Denken Sie daran, dass Ihr Gegenüber gute Absichten ver-
  folgt. Nehmen Sie sich vor, diese herauszufinden.
- Gehen Sie davon aus, dass Ihr Gesprächspartner sich einen
  positiven Gesprächsverlauf ebenso wünscht wie Sie.

Während des Gesprächs:
- Wenn Ihr Gegenüber ein Benehmen zeigt, dass Sie nicht
  verstehen, fragen Sie nach. Lassen Sie es sich erklären.
- Suchen Sie positive Eigenschaften im anderen – gerade
  dann, wenn er Ihren Vorstellungen nicht entspricht. Finden Sie etwas Positives, auf das Sie sich konzentrieren
  können. Diese Gedanken wirken sich auf Ihr Verhalten
  aus, das auch Ihr Gesprächspartner wahrnimmt.

135

Überschreiten Sie die rote Linie (A)

Übung:

Falls Sie von unserer Argumentation noch nicht überzeugt sind, machen Sie folgenden kleinen Versuch: Setzen Sie sich jemandem gegenüber und denken Sie an positive Eigenschaften dieser Person. Fragen Sie nach den Eindrücken Ihres Gegenübers. Danach denken Sie an negative Eigenschaften desselben Menschen. Fragen Sie ihn wieder nach seinen Eindrücken.

Sie werden feststellen, dass Ihre Gedanken beim anderen ankommen, dass er mitbekommt, ob Sie gut oder schlecht von ihm denken.

Insbesondere dann, wenn Sie eine besonders festgefahrene Gesprächssituation erleben, schreiten Sie mal über diese rote Linie! Begegnen Sie Ihrem Gegenüber beim nächsten Mal mit positiven Gedanken. Es muss nichts Großartiges sein, was Sie an Ihrem Gesprächspartner „gut" finden. Es können auch nur seine schönen Augen oder die interessante Krawatte sein.

Franz: *Also das hätte ich ja nicht gedacht, dass Vorurteile so wichtig sind, wenn es um Konflikte und Gesprächsblockaden geht.*

Emil: *Ja, das ist schon sehr interessant, wie sie entstehen und welche Funktion sie haben …*

Franz: *… und vor allem, dass sie ständig und meistens unbewusst wirksam sind.*

Emil: *Hm, das macht es ziemlich aufwendig, aktiv mit ihnen umzugehen.*

Franz: *Stimmt wohl, ist aber sehr clever, wenn man stressfrei kommunizieren möchte.*

Emil: *Und auch, wenn man ab und zu mal eine neue Perspektive haben möchte, denn Vorurteile wirken sich ja auch darauf aus, was wir für machbar und erreichbar halten.*

Franz: *Ach, du meinst, es könnte auch mit meinen Vorurteilen*

Emil: *Da hast du wohl Recht, das ist eine sehr gute Idee. Allerdings können beim Gesprächspartner auch negative Gefühle ausgelöst werden, obwohl du kein einziges Wort gesprochen hast.*

Franz: *Ach ja?*

Emil: *Ja, zum Beispiel, wenn du jemandem vorgestellt wirst und dein Name bei dieser Person negativ besetzt ist.*

Franz: *Du lieber Himmel, das geht ja unheimlich weit mit diesen Assoziationen, das ist ja total blockierend.*

Emil: *Das ist eine Frage der Sichtweise. Du kannst erstens die extreme Verknüpfungsleistung unseres Gehirns positiv anerkennen ...*

Franz: *... mich zweitens entspannen, weil ich jetzt weiß, dass und warum ich negative Assoziationen gar nicht vermeiden kann.*

Emil: *Genau, und dass es vielmehr darum geht, wie du reagieren kannst, wenn du bemerkst, dass dein Gesprächspartner „irgendwie verärgert" ist. Das kommt später noch.*

Bislang ging es um Assoziationen, die von Wörtern ausgelöst werden. Hinzu kommt die besondere (Nicht-)Wirkung von Verneinungen. Es tritt genau das Gegenteil von dem ein, was wir mit einer Verneinung erreichen wollen.

Das Gehirn ignoriert Verneinungen

Bitte stellen Sie sich *keinen* pinkfarbenen Esel vor. Was ist passiert? Vermutlich haben Sie vor Ihrem geistigen Auge ein rosarotes Grautier gesehen? Oder wollten Sie sich doch lieber *nicht* den Eiffelturm vorstellen? Auch das hat wahrscheinlich nicht funktioniert; Sie haben den Eiffelturm gesehen, oder?

Unser Gehirn entwickelt Assoziationen, Bilder, Vorstellungen – immer! Sämtliche Formen der Verneinung wie z.B.; „kein" oder „nicht" werden von unserem Unterbewusstsein schlichtweg ignoriert. Selbst wenn Sie aufgefordert werden, sich nichts vorzustellen, löst diese Aufforderung vermutlich irgendetwas aus.

- „*Glauben Sie bloß nicht, dass ich mit dem Preis noch weiter runtergehe.*" Wenn ein Verkäufer so formuliert, wird der Kunde garantiert weiterhandeln.
- „*Ich möchte Ihnen ja nicht zu nahe treten …*" Genau das würde der Gesprächspartner vermutlich gerne tun.

Verneinungen sorgen immer für eine gewisse Verwirrung und oft führen sie zu Gesprächsblockaden, da die Wahrscheinlichkeit groß ist, dass der Angesprochene anders reagiert als gewünscht. Dies ergibt sich aus der Widersprüchlichkeit, die in einer Verneinung liegt. Sie glauben vielleicht, das sei nicht so entscheidend? Insbesondere, wenn Sie zu den Menschen gehören, denen es ein Gräuel ist, wenn jemand jedes Wort auf die Goldwaage legt, fällt es Ihnen womöglich nicht ganz leicht, sich auf dieses Thema einzulassen. Im Abschnitt *Zielführend mit Sprache umgehen* gibt es Hinweise und Tipps dazu, wie Sie Positivformulierungen – und bisweilen gezielt Negativformulierungen – einsetzen können, um Gesprächsblockaden zu vermeiden und Ihre Ziele zu erreichen.

Worte wörtlich nehmen?

Ärger und Missverständnisse kommen meist dann auf, wenn der Gesprächspartner

- eine andere Erwartung davon hat, wie man mit Worten und Sprache umgehen „muss",
- die benutzten Wörter anders deutet als Sie oder
- mit den von Ihnen gebrauchten Wörtern „Negatives" verbindet.

Erwartungen und ihren Einfluss auf die Kommunikation haben wir im Kapitel 4 ausführlich erläutert. Dass unser Gegenüber bestimmte Wörter anders deutet als wir, kann wiederum mehrere Gründe haben:

- Es handelt sich um ein „mehrdeutiges" Wort.
- Das Wort wird „falsch" benutzt.

Zum Beispiel soll bei den Schwaben die Aussage „geht so" schon als Lob gelten, während dies in anderen Bundesländern „gerade noch ausreichend" bedeutet. Oder nehmen wir das Wort „Mäuschen". Eine Frau, die von ihrem Partner so genannt wird und ärgerlich darauf reagiert, deutet dieses Wort vermutlich anders als er. Was liebevoll gemeint sein kann, wird von einer emanzipierten Frau eventuell als Abwertung verstanden.

Mehrdeutige Ausdrücke

Haben Sie schon einmal jemanden sagen hören „Das muss einmal aufs Tapet gebracht werden"? Damit ist gemeint „etwas zur Sprache bringen" oder „auf den Konferenztisch legen". Tapet bedeutet nämlich Teppich oder Decke des Konferenztisches. Häufig hört man aber heute auch die Formulierung „etwas aufs Trapez bringen". Dieser Ausdruck hat sich vermutlich aus einer Verwechslung ergeben.

Falsch verwendete Begriffe

Wissen Sie, dass „Spaß haben" ursprünglich bedeutet, sich über etwas oder jemanden lustig machen? Eigentlich ist es also „falsch" zu sagen, dass man „Spaß am Tanzen" hat. Richtig hieße es: „Freude am Tanzen".

Bei störungsfreier Beziehungsebene ist es unerheblich, ob der Gesprächspartner ein Wort „falsch" benutzt. Ist es beiden wichtig, was genau ausgedrückt werden soll, kann man es ausdiskutieren und sich auf die beste Lösung einigen. (So wie es den Autorinnen speziell in diesem Kapitel mehr als einmal ergangen ist!) Geht es allerdings darum, „Recht zu haben", ist eine Gesprächsblockade sehr wahrscheinlich. Sie entsteht auch dann, wenn der Gesprächspartner sich durch das „auf die Goldwaage legen" der Wörter abgewertet oder gemaßregelt fühlt.

Wenn Sie ein für Ihr Gegenüber negativ belegtes Wort benutzen, löst das entsprechende Reaktionen aus. Mochten Sie als Kind Lebertran? Es kann Ihnen immer wieder passieren,

Negativ besetzte Wörter

dass Sie unbeabsichtigt Wörter verwenden, die bei Ihrem Gesprächspartner negative Erinnerungen und Gefühle auslösen. Wichtig ist, dass Sie um dieses Problem wissen und lernen, damit umzugehen.

„Gefährliche" Sprachmuster

Manche sprachlichen Gewohnheiten sind so weit verbreitet, dass sie nur selten hinterfragt werden. Diese Sprachmuster „verschleiern" das, was wirklich ausdrückt werden soll. Außerdem gibt es „Killerphrasen", die meistens destruktiv wirken und oft unmittelbar eine Gesprächsblockade auslösen. Solche Muster sollten Sie vermeiden und bei anderen erkennen.

Verschleierungen Eine unproduktive, wenig zielführende Wirkung entfalten unklare Äußerungen. Solche Verschleierungen sind beispielsweise:

- die Verwendung der allgemeinen Formen „wir" oder „man" statt „ich". Dies bewirkt eine Aufweichung der eigenen Position.
- die irreführende Nutzung des Konjunktivs „könnte", „sollte", „müsste" statt der klaren Aussage „möchte", „wünsche mir", „bitte dich". Dies lässt den Gesprächspartner im Ungewissen darüber, was er tun soll.
- verbale Einschränkungen wie „eigentlich", „im Prinzip", „vielleicht" statt einer konkreten Festlegung. Solche Einschränkungen schwächen die Aussage ab.

All diese Sprachmuster lassen den Gesprächspartner im Unklaren. Sie fordern von ihm Interpretationen, die bekanntlich nur allzu häufig falsch sind und oft direkt in die Gesprächsblockade führen. Sie lassen dem Angesprochenen die Wahl, ob und wie er auf die Botschaft reagieren möchte. Meistens beschwert der Sender sich anschließend, der andere habe ihn nicht richtig verstanden, er nehme ihn nicht ernst oder ähnlich.

Übung:

Versuchen Sie doch einmal, diese Sätze so umzuformulieren, dass sie eindeutig sind. Bei den Tipps finden Sie dazu einige Alternativen *(Klarheit statt Höflichkeit und Rücksichtnahme).*

- „Der Mülleimer müsste mal geleert werden."
- „Wir könnten eigentlich mal wieder die Müllers besuchen."
- „Man sollte vielleicht mal überlegen, ob es Sinn macht, eine Schreibkraft einzustellen."

Erkennen Sie, was der Sender mit der jeweiligen Aussage mitteilen oder erreichen will? Wir sind der Meinung, es bleibt sehr viel Spielraum für Auslegungen.

Obwohl die beschriebenen Sprachmuster regelrecht kontraproduktiv sind, haben sie sich etabliert, und zwar deshalb, weil sie wichtige Funktionen erfüllen. Das hat zum einen mit vermeintlicher Höflichkeit und Rücksichtnahme zu tun, zum anderen damit, dass „wir" und „man" Gelegenheit bieten, sich im Schutz der Gruppe zu verstecken. Ein weiterer Grund für Verschleierungen kann darin liegen, dass „man" glaubt, dem Gesprächspartner dadurch mehr Freiraum zu lassen.

Killerphrasen sind destruktive Sprachmuster. In Diskussionen tauchen sie insbesondere dann auf, wenn Sachargumente fehlen. Ziel der Killerphrase ist es häufig, den anderen mundtot zu machen, ihn zu verunsichern, bloßzustellen oder herabzusetzen.

Killerphrasen

Einige typische Killerphrasen:

- *„Wenn das wirklich sinnvoll wäre, dann gäbe es das schon."*
- *„Das haben schon fähigere Leute als Sie nicht lösen können."*
- *„Das ist doch alles viel zu theoretisch."*
- *„Das können Sie nicht beurteilen, dazu fehlt Ihnen der Überblick."*
- *„Das widerspricht unseren Prinzipien."*

Für den Fortgang des Gesprächs ist es wichtig, auf die Killerphrase angemessen zu reagieren, sonst würde die Diskussion
wahrscheinlich an dieser Stelle ergebnislos enden. Auf einen
tatsächlichen oder vermeintlichen Angriff mit einem Gegenangriff zu antworten, führt mit hoher Wahrscheinlichkeit zu
einer Gesprächsblockade.

Das Vier-Ohren-Modell

Das *Vier-Ohren-Modell* ist ein sehr bekanntes und weit ver-
breitetes Kommunikations-Modell von Friedemann Schulz
von Thun. Auf anschauliche Art und Weise zeigt es, aus welchen Gründen Gesprächspartner aneinander vorbeireden
und sich missverstehen können.

Schulz von Thun geht davon aus, dass jede Kommunikation
vier verschiedene Aspekte enthält, die vom Sender und vom
Empfänger der Nachricht unterschiedlich gewichtet und interpretiert werden. Das heißt, dass das, was der Sender gemeint hat, nicht immer das ist, was der Empfänger tatsächlich versteht. Schulz von Thun hat 1981 die vier Seiten einer
Nachricht als Quadrat dargestellt und dementsprechend dem
Empfänger „vier Ohren" zugeordnet. Psychologisch gesehen
sind also – wenn zwei Personen miteinander reden – auf beiden Seiten vier Ohren beteiligt. Die Qualität des Gesprächs
hängt davon ab, in welcher Weise diese zusammenspielen.

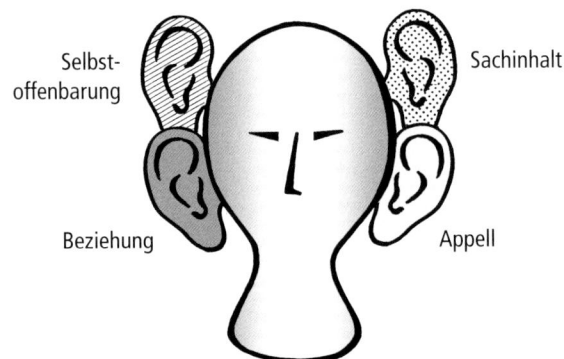

Selbst-
offenbarung

Sachinhalt

Beziehung

Appell

Abbildung 8:
Das Vier-Ohren-
Modell

146

Die vier verschiedenen Seiten einer Nachricht sind folgende:

▨ *der Sachinhalt – worüber ich informiere:*
  Auf der Sachebene des Gesprächs steht die Information im Vordergrund. Hier geht es um Daten, Fakten und Tatsachen, die in einer Nachricht enthalten sind. Für den Sender gilt es also, den Sachverhalt klar und verständlich zu vermitteln. Der Empfänger, der das Sachinhaltsohr aufgesperrt hat, hört diese Daten und Fakten.

▨ *der Appell – wozu ich veranlassen möchte:*
  Wenn ich jemandem etwas sage, will ich in der Regel auch etwas bewirken, Einfluss nehmen und etwas bei ihm erreichen. Offen oder verdeckt geht es auf dieser Ebene um Wünsche, Appelle und Handlungsanweisungen. Das Appell-Ohr ist besonders empfangsbereit für die Frage: Was soll ich jetzt machen, denken oder fühlen?

▨ *die Beziehung – was ich von meinem Gesprächspartner halte und wie wir zueinander stehen:*
  Ob ich will oder nicht: Wenn ich jemanden anspreche, gebe ich (unter anderem durch Formulierung, Tonfall, Mimik) auch zu erkennen, wie ich zum anderen stehe und was ich im Moment von ihm halte. In jeder Äußerung steckt somit auch ein Beziehungshinweis. Mit diesem Ohr entscheidet der Empfänger: „Wie fühle ich mich behandelt durch die Art, in der der andere mit mir spricht? Was hält der andere von mir und wie steht er zu mir?"

▨ *die Selbstoffenbarung – was ich von mir selbst kundgebe:*
  Wenn jemand etwas von sich gibt, gibt er auch etwas von sich. Jede Äußerung enthält Hinweise auf das Selbstverständnis, die Motive, Werte und Emotionen und das Rollenverständnis des Senders. Auf dem Selbstoffenbarungs-Ohr nimmt der Empfänger dies wahr.

Wie stark die einzelnen Ohren auf Empfang stehen, ist verschieden. Es variiert je nach Person, Situation, Thema, Zeitpunkt, Stimmungslage, bisherigen Erfahrungen usw. Und je nachdem, was der Empfänger auf welchem Ohr hört und wie er darauf reagiert, kann eine Störung in der Kommunikation entstehen.

Hier ein konkretes Beispiel, das zeigt, wie unterschiedlich eine einfache Nachricht aufgenommen werden kann: „Da ist ein Fehler in der Tabelle!"

- *Sachinhalt:* In der Tabelle ist ein Fehler.
- *Appell:* Nimm den Fehler zur Kenntnis. Oder: Korrigiere den Fehler. Oder: Sei zukünftig genauer! Oder: Lobe mich für meine Aufmerksamkeit! Oder: Denk bitte daran, dass wir das noch ändern müssen.
- *Beziehung:* Du bist nachlässig. Oder: Du nimmst die Aufgabe nicht ernst genug. Oder: Du brauchst meine Unterstützung, sonst findest du die Fehler nicht! Oder: Du bist mein Kollege, du musst das auch wissen.
- *Selbstoffenbarung:* Ich bin besser als du. Oder: Ich bin sehr genau. Oder: Mir ist es sehr wichtig, dass die Tabelle fehlerfrei ist. Oder: Ich möchte dich einbeziehen.

Leicht können Sie sich an diesem Beispiel ausmalen, wie unterschiedlich die Reaktionen des Empfängers auf diesen einen Satz sein können und welche Komplikationen sich daraus möglicherweise ergeben. Ganz wichtig für die Interpretation des Empfängers sind die nonverbalen Signale, die gleichzeitig mit den reinen Worten übermittelt werden, also z.B. der Tonfall, in dem der Satz gesprochen wird, oder die Mimik, die die Äußerung begleitet. Hier schließt sich der Kreis zum Kapitel 2, in dem Sie lesen konnten, wie wichtig die nonverbalen und tonalen Signale in der Kommunikation sind.

Wie Gesprächsblockaden durch das Aufsperren (oder Zusperren) bestimmter Ohren entstehen und sich vertiefen können, wird im folgenden Beispiel noch deutlicher:

„Und das hast du wirklich ganz allein geschafft?", fragt der Vater seinen Sohn. Was den Sachinhalt betrifft, handelt es sich hier um die einfache Bitte um Information, ob der Sohn Unterstützung hatte oder nicht. Nehmen wir an, dass der Sohn ein besonders empfindliches Beziehungsohr hat, zumindest was die Beziehung zu seinem Vater anbelangt. Jetzt kommt es für den weiteren Gesprächsverlauf darauf an, was der Sohn hört. Hört er: „Du bist schon ein toller Typ, ich bin stolz auf dich." Oder hört er: „Das hast du bestimmt nicht allein geschafft, dazu bist du gar nicht in der Lage!"

Viele Filter beeinflussen, was gehört wird

In der Kommunikation mit Partnern, Vorgesetzten, Mitarbeitern und anderen Menschen wirkt dasselbe Prinzip, wobei die Erfahrungen, die wir in der Vergangenheit gemacht haben und die unsere erlernte Normalität bilden, eine große Rolle spielen. Derjenige, der von seinem Vater „gelernt" hat, dass er ein „toller Typ" ist, wird vermutlich aus der Äußerung eines Vorgesetzten: „Und Sie glauben wirklich, dass Sie das bis zum Ende der Woche schaffen?" etwas anderes heraushören als jemand, dem sein Vater nichts zugetraut hat.

Erlernte Normalität

An dieser Stelle möchten wir noch einmal betonen, dass es weniger darauf ankommt, was der Sender der Botschaft zum Ausdruck bringen wollte, als darauf, wie der Empfänger diese Botschaft aufnimmt und versteht.

Franz: *Stimmt, dafür habe ich ein super Beispiel, aber eigentlich ist das Beispiel von meiner Frau.*
Emil: *Erzähl.*
Franz: *Wir waren doch letztens auf dieser Party bei den Meiers und da hatte die Frau Lehmann ein neues Kleid an, so ein glitzerndes blaues.*
Emil: *Hm, hab ich ehrlich gesagt nicht so drauf geachtet.*
Franz: *Na, ich ja auch nicht, aber meine Frau. Jedenfalls hat sie mir erzählt, dass die Meier die Lehmann angesprochen hat:*

Interessantes Kleid, ich wusste gar nicht, dass dieses Material noch in ist.

Emil: *Ups, da war die Lehmann aber pikiert, was?*

Franz: *Eben nicht. Meine Frau sagte mir, dass die Lehmann mit einem strahlenden Lächeln geantwortet hat: „Ah ja, Frau Meier, das ist wirklich der neueste Trend."*

Emil: *Und ganz ohne Unterton? Alle Achtung, dann hat sie wirklich etwas ganz anderes gehört, als ich gedacht hätte. Gutes Beispiel.*

Wahrnehmung und Erwartung Welches Ohr der Empfänger aufsperrt, ist abhängig von seinen Filtern, von denen Sie in diesem Buch schon viel gelesen haben. So etwa von seiner speziellen Art der Wahrnehmung. (Hört er z. B. überhaupt den feinen Unterton in der Stimme heraus, oder nimmt er die Veränderung in der Mimik wahr?) Und von seiner Erwartungshaltung. (Was hat der Empfänger bisher für Erfahrungen gemacht? Was hält er für normal in dieser Situation?)

Ähnlichkeiten und Unterschiede Unterschiedliche Ohren werden auch aufgesperrt, je nachdem, ob der Empfänger den Sender als ähnlich oder unähnlich empfindet und wie er das bewertet. (Ist der andere ähnlich emotional oder ähnlich sachlich?) Ebenfalls hängt es von seinen Vorurteilen ab. (Hält er den Sender für einen wohlwollenden Freund oder für einen feindseligen Konkurrenten?)

Ziele und Befindlichkeiten Auch die konkreten Ziele und Interessen in der Gesprächssituation sowie die körperliche und emotionale Befindlichkeit haben Einfluss darauf, mit welchem Ohr der Empfänger die Nachricht hauptsächlich hört. Vergleichen Sie hierzu noch einmal die Abbildung 1 (Seite 18).

Zielführend mit Sprache umgehen

„Jeder Mensch hat seine eigene Sprache.
Sprache ist Ausdruck des Geistes."

NOVALIS

Dass Gesprächsblockaden aufgrund sprachlicher Missverständnisse entstehen können, haben die vorangegangenen Seiten gezeigt. Jetzt geht es darum, Sprache als Sender von Nachrichten aktiv zielführend einzusetzen und als Empfänger entsprechend aufzunehmen.

Formulieren Sie positiv (A)

Ein Tipp, der sich ganz klar aus dem Zusammenspiel von Gehirn und Sprache ableiten lässt, ist der, positiv zu formulieren. Das hört sich ganz einfach an, braucht aber zu Anfang Übung und Aufmerksamkeit. Es kann sehr hilfreich sein, wenn man Partner findet, um sich wechselseitig darauf aufmerksam zu machen, wenn sich doch mal wieder „kein pinkfarbener Esel" in den Satz gemogelt hat.

Insbesondere dann, wenn Sie einem anderen Menschen gegenüber Ihre Wünsche äußern oder einem Mitarbeiter Anweisungen erteilen, sollten Sie auf eine klare positive Formulierung achten. Indem Sie aktiv zuhören, können Sie sicherstellen, dass Ihr Gesprächspartner versteht, was Sie meinen.

> ▦ *Kinder, seid doch nicht immer so laut! –*
> *Seid jetzt so leise wie die Mäuschen!*
> ▦ *Lass doch nicht überall deine Socken herumliegen! –*
> *Räum deine Socken bitte in den Wäschekorb!*
> ▦ *Hör endlich auf, jedes Wort auf die Goldwaage zu legen! –*
> *Akzeptiere bitte, dass ich mit Worten experimentiere!*

Eindeutige statt verneinender Sätze

Übung:
Formulieren Sie diese Sätze bitte in klare Aufforderungen um.
- „Ich wünsche nicht, dass Sie die Kunden am Telefon anschreien.“
- „Ich erwarte von Ihnen, dass Sie die Präsentation nicht immer erst im letzten Moment erstellen.“
- „Ich möchte nicht, dass Sie morgens erst mal die Zeitung lesen.“

Sollten Sie noch Schwierigkeiten mit dem Umformen des einen oder anderen negativen Sprachmusters haben, stellen Sie sich die: Frage: Was will ich? Und zwar ganz konkret! Die Antwort darauf liefert Ihnen die neue Formulierung.

Negativaussagen gezielt einsetzen

Haben Sie Verneinungen schon aus Ihrer Sprache getilgt? Gut. Dann gehen Sie doch noch einen Schritt weiter: Nehmen Sie ganz bewusst Negativformulierungen wieder auf, um bestimmte Effekte zu erzielen!

Glauben Sie bloß nicht, dass Ihnen das gelingen könnte! Ganz gewiss ist es nicht ganz leicht, auf diese Art und Weise Gesprächsblockaden aufzulösen. Wahrscheinlich ist, dass Ihr Gesprächspartner nicht darauf reagiert. Könnte es aber nicht doch einen Versuch wert sein?

Die in diesen Sätzen vorhandenen „nicht“ und „kein“ werden von unserem Gehirn ausgeblendet. Und so erzeugen diese Sätze ein Bild von „gelingen“, „ganz leicht“, „Gesprächspartner reagiert“ und „Versuch wert“. Hier kommt es ganz wesentlich darauf an, das „nicht“ mit einem erwünschten Zielzustand zu verbinden. Also statt: „Es ist schwer“ sagen Sie besser: „Es ist nicht leicht.“ Probieren Sie die Wirkung aus!

Formulieren Sie typgerecht (A)
Typgerecht zu formulieren heißt, unterschiedliche Wahrnehmungspräferenzen (siehe Kapitel 3 und 4) wie auch verschiedene Persönlichkeitstypen (siehe Kapitel 5) in der Gesprächsführung zu berücksichtigen. Sie erinnern sich? Die

Wahrnehmungspräferenz eines Menschen spiegelt sich in der Sprache, die er benutzt. Indem Sie ganz bewusst Wörter verwenden, die der Präferenz Ihres Gesprächspartners entsprechen, erleichtern Sie es ihm, Sie zu verstehen. Dadurch können Sie Störungen in der Kommunikation vermeiden.

- Dem Visuellen fällt es sehr viel leichter, Ihnen zu folgen, wenn Sie ihn bitten,
  sich etwas vorzustellen, sich ein Bild zu machen, sich etwas vor Augen zu führen, die Perspektive zu wechseln, …
- Der Auditive kann leichter zustimmen, wenn Sie ihn auffordern,
  in sich hineinzuhören, sich zu fragen, ein Ohr zu haben für, etwas in sich zum Klingen zu bringen, bis der Groschen fällt, …
- Den Kinästhetischen erreichen Sie, wenn Sie anbieten,
  eine Bestandsaufnahme zu machen, sich einzulassen auf, Vor- und Nachteile abzuwägen, …

Die Sprache des Wahrnehmungskanals

Bei den Wahrnehmungspräferenzen kommt es sehr auf die genaue Wortwahl an. Um mit bestimmten Persönlichkeitstypen zu harmonieren, ist eher die Art und Weise gefragt, in der Sie mit dem jeweiligen Gegenüber kommunizieren. Wenn der Gesprächspartner seinem Typ entsprechend behandelt und angesprochen wird, fühlt er sich wohl, was eine erste wichtige Voraussetzung für eine gute, störungsfreie Beziehungsebene ist.

Orientieren Sie sich an Ihrem Gesprächspartner und stellen Sie sich auf ihn ein. Mit ruhigen Typen gehen Sie sinnvollerweise ruhiger um als mit sehr lebhaften. Hebt der Partner vor allem auf Daten und Fakten ab, dann liefern Sie ihm diese. Möchte der andere gern eine persönliche Wellenlänge herstellen, dann ermöglichen Sie das. Menschen, die einander sympathisch sind, gleichen sich meistens automatisch an,

Sich dem Stil des anderen anpassen

ohne dass sie darüber nachdenken. Langfristig tragfähig ist diese Anpassung dann, wenn jeder einen oder mehrere Schritte auf den anderen zugeht.

Sich ganz bewusst dem Gesprächspartner in der Art und Weise des Kommunikationsstils anzupassen, vermittelt auf indirektem Weg eine hohe Wertschätzung und erleichtert so die Kommunikation.

Klarheit statt Höflichkeit und Rücksichtnahme (A)

Franz: Was soll das denn jetzt? Das ist doch doppelt gemoppelt; wenn ich positiv formuliere, dann bin ich doch auch klar, oder?

Emil: Nicht zwangsläufig. Denk mal an die unproduktiven Sprachmuster.

Franz: Ich verstehe, du meinst die Experten, die um den heißen Brei herumreden.

Emil: Ja, genau. Und auch die, die etwas stört, die sich aber lieber die Zunge abbeißen würden, als ihren Ärger klar auszudrücken.

Franz: Hm, die kriegen bestimmt Magengeschwüre.

Emil: Genau. Ist dir klar geworden, warum hier auf Klarheit noch mal gesondert eingegangen wird?

Franz: Na klar!

Profil zeigen Klar und deutlich zu sagen, was uns am Verhalten des Gesprächspartners missfällt, kann für das Vermeiden von Gesprächsblockaden einen regelrechten Quantensprung bedeuten. Sehr häufig schweigen wir zum Beispiel aus falsch verstandener Höflichkeit oder Rücksichtnahme. Manchmal auch deshalb, weil wir davon ausgehen, dass der andere genauso denkt wie wir und deshalb doch wissen muss, dass er sich „unkorrekt" verhält. Oder wir schweigen, weil wir die Auseinandersetzung scheuen. Dieses Verhalten führt allerdings langfristig eher dazu, dass Kommunikationsstörungen entstehen, als dass sie vermieden werden. Betrachten wir ein simples Beispiel:

Angenommen, Pünktlichkeit bedeutet für A Wertschätzung gegenüber dem Gesprächspartner. B allerdings hält Pünktlichkeit für einen veralteten preußischen Wert, der die Menschen daran hindert, entspannt zu leben.

Wenn A und B nicht wissen, dass sie, was die Pünktlichkeit anbelangt, unterschiedliche Vorstellungen haben und das auch nicht ansprechen, wird A sich möglicherweise immer wieder aufs Neue über die vermeintliche mangelnde Wertschätzung ärgern, die B ihm durch seine Unpünktlichkeit zeigt. Und B wird aus Äußerungen wie: „Du bist mal wieder zehn Minuten zu spät" vielleicht schließen, dass A furchtbar pingelig ist und keinen Sinn fürs Wesentliche hat.

Reicht es denn nicht aus, den Gesprächspartner darauf hinzuweisen, dass er
- … zu spät gekommen ist?
- … den Abgabetermin für die Unterlage hat verstreichen lassen?
- … den Topf nicht richtig gespült hat?

Unsere Antwort lautet ganz klar: Nein, das ist „Nörgelei" und die ist für das Entstehen von Gesprächsblockaden ein hervorragender Nährboden. Sie können ja einmal darüber nachdenken, wie oft Sie „nörgeln" müssen, um für verhärtete Fronten zu sorgen. Und alles nur, weil Sie nicht wirklich klar gesagt haben, worum es Ihnen geht. Deshalb unser Tipp: Wenn Ihr Gesprächspartner etwas tut oder sagt, das Ihnen missfällt, dann
- überlegen Sie, was genau Ihnen nicht gefällt,
- was mögliche Ursachen dafür sein können und
- geben Ihrem Gegenüber eine eindeutige Rückmeldung.

Bezogen auf das Beispiel „Pünktlichkeit" könnte A vielleicht Folgendes sagen:

- *„B, wir waren für 10:00 Uhr verabredet, jetzt ist es 10:10 Uhr"* (= Beschreibung der Situation, des Sachverhalts, des Verhaltens; faktisch, d. h. ohne Wertung).
- *„Ich finde es unangenehm, wenn ich auf dich warten muss, und schließe daraus, dass dir der Termin mit mir unwichtig ist"* (= die eigenen Gefühle/Interpretation benennen, die das Verhalten auslöst).
- *„Ich möchte mit dir vereinbaren, wie wir zukünftig mit dem Thema Pünktlichkeit umgehen"* (= die eigenen Wünsche äußern).

An dieser Stelle fordern wir Sie auf, frühzeitig klar und ohne falsch verstandene Rücksichtnahme das anzusprechen, worauf es Ihnen ankommt. Damit tragen Sie dazu bei, dass das Gespräch auf der Sachebene bleibt und eine Gesprächsblockade vermieden werden kann.

Lösungsangebot zur Übung Nachfolgend finden Sie alternative Formulierungen zu den in der Übung auf Seite 145 erwähnten verschleiernden Sprachmustern:

- *„Der Mülleimer müsste mal geleert werden."*
- *„Wir könnten eigentlich mal wieder die Müllers besuchen."*
- *„Man sollte vielleicht mal überlegen, ob es Sinn macht eine Schreibkraft einzustellen."*

Günstiger ist:

- *„Ich möchte, dass du mir einen Gefallen tust. Bring bitte den Müll runter."*
- *„Ich habe Lust, die Müllers zu besuchen. Magst du mitkommen?"*
- *„Ich überlege gerade, welche Vor- und Nachteile es hat, wenn wir eine Schreibkraft einstellen. Wie siehst du das?"*

Es ist sehr wichtig, wie Sie auf Killerphrasen reagieren, wenn Sie die Diskussion weiterführen möchten. Ein „Gegenangriff" würde vermutlich eine Gesprächsblockade auslösen, deshalb bleiben Sie konstruktiv. Dafür kommen drei generelle Möglichkeiten in Betracht:

Umgang mit Killerphrasen

▨ *Antworten*

Sie können auf die Killerphrase so antworten, als ob es sich um eine ganz normale Frage/Anmerkung handelt, also den Gesprächspartner ernst nehmen.

Beispiel: „*Auf diesem Gebiet bin ich Experte. Da macht mir so leicht keiner etwas vor.*"

Antwort: „*Als Experte können Sie mir sicher erklären, wie …*" (genaue Abfrage von Details)

▨ *Präzisierungsfrage*

Bitten Sie den Gesprächspartner darum, seine Äußerung zu konkretisieren.

Beispiel: „*Sie halten mich wohl für blöd!*"

Präzisierungsfrage: „*Wie kommen Sie zu dieser Annahme?*"

▨ *Metaebene*

Thematisieren Sie die Killerphrase als solche! Bitten Sie den Gesprächspartner um einen konstruktiven Umgang miteinander.

Beispiel: „*Sie haben immer Recht, und ich habe immer Unrecht. So einfach ist das!*"

Reaktion: „*Was wollen Sie damit eigentlich sagen? Was ärgert Sie?*"

Antwort und Präzisierungsfrage haben den Vorteil, dass sie auch wirksam sind, wenn Ihr Gesprächspartner sich lediglich „unklar" ausgedrückt hat. Es kann passieren, dass es zu einer Auseinandersetzung darüber kommt, ob es sich bei der Äußerung um eine Killerphrase handelt oder nicht. Eine solche Diskussion ist oft wenig zielführend. Dennoch kann es sinnvoll sein, das Thema auf die Metaebene zu heben, um Profil zu zeigen.

Hier schließt sich der Kreis zur Klarheit. Es ist hoffentlich deutlich geworden, dass es durchaus möglich ist, klar zu formulieren und Position zu beziehen, ohne dabei unhöflich und rücksichtslos zu werden!

Kommen Sie den eigenen Gefühlen auf die Schliche (I)

Die Art und Weise, wie Ihr Gesprächspartner mit Ihnen umgeht, welche Wörter und Formulierungen er benutzt, löst auch bei Ihnen oft unbewusste Assoziationen aus. Diese münden möglicherweise in negativen Gefühlen.

Fühlen wir uns beschimpft, herabgesetzt, bevormundet, …? Trifft der Gesprächspartner vielleicht sogar einen unserer Hot Buttons?

Drei Schritte zum Hinterfragen eigener Reaktionen

Für eine störungsfreie Kommunikation ist es im ersten Schritt wichtig, diese Gefühle wahrzunehmen. Der Versuch, sie zu verdrängen, führt meist dazu, dass sie verdeckt weiterbrodeln und intensiver werden. Im zweiten Schritt geht es darum, sich klarzumachen: Was ist das für ein Gefühl? Wodurch wurde es ausgelöst? Welche Erinnerungen sind damit verbunden? Was haben der Gesprächspartner und/oder der Gesprächsinhalt damit zu tun? Insbesondere die Antwort auf die letzte Frage ist wesentlich für die Entscheidungen, die Sie im dritten Schritt zu treffen haben:

Wie wichtig ist es für das Gesprächsziel, die Störung anzusprechen? Will ich die Störung ansprechen? Wenn ja, wann will ich sie ansprechen? Auf welche Art und Weise will ich sie ansprechen?

Diese Bereitschaft zur Reflexion ermöglicht es Ihnen, auch in schwierigen Situationen entspannt und gelassen zu bleiben. Sie nehmen Ihre Gefühle ernst und hinterfragen sie, *bevor* Sie reagieren.

Sperren Sie die Ohren auf (A/I)

Sie haben gelesen, dass wir mit verschiedenen Ohren hören und dass das, was wir hören, oft stärker von unseren Filtern abhängt als davon, was unser Gesprächspartner wirklich sagen will. Für eine entspannte Kommunikation kann es sehr hilfreich sein, darauf zu achten:

- ob die vier Ohren gleich gut hören oder welches besonders weit offen ist und
- ob es wiederkehrende „Hör-Muster" gibt.

Die besondere Betonung des Sachinhaltes führt eventuell zu einer Verleugnung aller Konfliktpotenziale, die auf anderen Ebenen liegen. Gesprächspartner, die auf einem anderen Ohr stärker hören, fühlen sich ignoriert und blocken ab.

Jemand, der besonders gut auf dem Appell-Ohr hört, glaubt entweder, immer gleich etwas tun zu sollen, oder, sich ständig gegen Handlungsaufforderungen wehren zu müssen.

Derjenige, der ein besonders weit aufgesperrtes Beziehungs-Ohr hat und seinem „Hör-Muster" entsprechend zuerst Abwertungen bemerkt, ist vermutlich schnell beleidigt. Im Gegensatz zu demjenigen, der es gewohnt ist, in erster Linie Positives über sich zu hören.

Hört jemand auf dem Selbstoffenbarungs-Ohr dauernd vermeintliches Eigenlob des Gesprächspartners, wird er anders reagieren als derjenige, der hört, wie der Gesprächspartner sich „klein macht". Genau hinzuhören und gegebenenfalls gezielt gegenzusteuern ist hier angeraten.

Überschreiten Sie die rote Linie (A)

Wenn unsere Seminarteilnehmer fragen, was wir von Provokationen halten, ist uns immer ein bisschen unwohl. Im Prinzip empfehlen wir, von Provokationen abzusehen, weil sie in der Regel Gesprächsblockaden erzeugen. In Ausnahmefällen kann eine Provokation aber genau das geeignete Mittel sein, um das Gespräch wieder in Gang zu bringen. Sie dient allerdings weniger dazu, eine Klärung zwischen den Gesprächspartnern herbeizuführen, sondern eher dazu, das Ziel wieder in den Fokus zu rücken. Ihre wertschätzende innere Haltung zum Gesprächspartner ist in jedem Fall ein wichtiges Moment zum Gelingen.

Manchmal ratsam: Gezielt provozieren

Wenn Sie es einmal ausprobieren möchten, finden Sie hier ein paar Anregungen:

- *„Ich weiß, dass Sie mich am liebsten von hinten sehen!"*
- *„Wenn das so weitergeht, dann sind Sie an meinem Magengeschwür schuld!"*
- *„Wissen Sie, was mich an Ihnen am meisten stört? Dass ich auf Ihr Fachwissen angewiesen bin!"*

8 Chancen nutzen

„Wer das Ziel kennt, kann entscheiden,
wer entscheidet, findet Ruhe,
wer Ruhe findet, ist sicher,
wer sicher ist, kann überlegen,
wer überlegt, kann verbessern."

KONFUZIUS

In diesem Schlusskapitel verdichten wir die Informationen und Tipps aus den vorangegangenen Abschnitten zu einer Auswahl von grundsätzlichen Verhaltensweisen, die eine clevere, weil stressfreie Kommunikation ermöglichen. Jetzt geht es an die Umsetzung.

Franz: *Aber nicht mit mir. Ich glaube schon, dass ich alles oder doch das meiste verstanden habe, aber umsetzen? Ne, das ist mir viel zu kompliziert.*
Emil: *Mal langsam, es kommen doch noch einige Seiten.*
Franz: *Noch mehr, was ich berücksichtigen soll in meinen zukünftigen Gesprächen?*
Emil: *Nein, eher eine Vereinfachung.*
Franz: *Na, da bin ich ja mal gespannt!*

Sie haben möglicherweise den Eindruck, dass Sie jetzt so viel wissen und berücksichtigen müssen, dass Sie nie wieder locker und unbedarft in ein Gespräch gehen können? Entspannen Sie sich! Auch bisher haben Sie schon schwierige Gespräche erfolgreich geführt. Für den Fall, dass Sie einmal nicht weiterkommen, können Sie das Buch wie ein Nachschlagewerk nutzen. So kommen Sie den Ursachen für Blockaden auf die Spur und erhalten konkrete Tipps für spezielle Fragestellungen. Oder Sie greifen sich das eine oder andere Kapitel noch einmal gezielt heraus. Auch die Inhalte einfach in Ihr Unterbewusstsein sacken zu lassen, ist eine gute Möglichkeit. All das führt nach und nach zu einer automatischen Verinnerlichung des Wesentlichen.

Wir geben Ihnen nachfolgend eine Reihe genereller Tipps, die Ihnen die konkrete Anwendung zusätzlich vereinfachen. Sie bilden die Basis für eine Grundhaltung, die Ihnen eine konstruktive Kommunikation ermöglicht und auch in vielen anderen Situationen das Leben erleichtert.

Entdecken Sie die Langsamkeit (A)

„Gute" Kommunikation erfordert Zeit, Geduld und Muße. Langsam zu sein oder zu werden, das erfordert Mut, besonders in einer Gesellschaft, in der meistens alles schnell gehen muss. Insbesondere dann, wenn eine Gesprächsblockade die Zielerreichung bereits behindert, glauben wir, dass Langsamkeit alles noch mühsamer macht. Die besondere Bedeutung der Langsamkeit für erfolgreiche Gespräche liegt darin,

- dass Sie viel besser zuhören können,
- dass Ihre Ruhe sich auf Ihren Gesprächspartner übertragen kann,
- dass Sie genügend Zeit haben, Ihre Gefühle zu beachten und
- die Reaktionen Ihres Gegenübers wahrzunehmen.

Entdecken Sie die Langsamkeit, es lohnt sich!

Franz: *Langsam werde ich bestimmt nicht, da sträubt sich mir alles!*
Emil: *Aha, und wieso?*
Franz: *Na, weil ich diesen Tipp total blöd finde.*
Emil: *Ja, das merke ich deutlich. Was genau findest du daran blöd?*
Franz: *Ich hab ein echtes Problem mit Leuten, die so lahm sind. Ich hatte mal einen Kollegen, der jedes Mal, wenn's richtig*

rund ging, mit pastoraler Stimme sagte: „In der Ruhe liegt die Kraft."

Emil: *Der Typ hat's dir aber mächtig angetan, was?*

Franz: *Allerdings, ihm konnte man in aller Ruhe beim Gehen die Schuhe besohlen, und wir anderen haben uns die Hacken abgerannt.*

Emil: *Hm, hört sich ehrlich gesagt so an, als ob dieser spezielle Kollege durch seine individuelle Art dein Urteil zum Thema Langsamkeit sehr stark geprägt hat.*

Franz: *Du meinst, der hat mich traumatisiert und meine Wahrnehmungsfähigkeit getrübt?*

Emil: *Könnte sein, oder?*

Franz: *Ja, könnte sogar sehr gut sein. Wegen dem hab ich Langsamkeit immer mit Lahmheit und Trägheit verbunden. Wenn ich es mir jetzt recht überlege, ist das Quatsch, oder?*

Emil: *Zumindest sind andere Verbindungen möglich: Langsamkeit und innere Ruhe, hohe Effektivität, kraftvolle Gelassenheit, …*

Franz: *Hm, ich probier das aus, ist auf jeden Fall interessant.*

Gehen Sie aktiv mit Emotionen um (A/I)

Wut, Angst, Trauer – viele Emotionen sind in unserer Gesellschaft negativ belegt. Wir wollen sie nicht haben. Sie zu zeigen, zu formulieren oder sogar spontan auszuleben ist eher ungewöhnlich und führt häufig zu Irritationen beim Gesprächspartner. Ab und zu passiert es dennoch, dass sich negative Gefühle spontan und unkontrolliert entladen.

Vielleicht haben Sie das auch schon einmal erlebt? Und möglicherweise dabei festgestellt, dass sich die „Beziehung" zu der betroffenen Person danach geklärt und vielleicht sogar deutlich verbessert hat? Dann kennen Sie die Kraft eines reinigenden Gewitters. Oder hat sich die Blockade durch so einen „emotionalen Ausbruch" eher verschärft? Auch das kann passieren, und in diesen Fällen wird der nächste Tipp *Machen Sie Beziehung zum Thema* besonders wertvoll. Wie auch immer:

Ihre Emotionen gehören zu Ihnen! Stehen Sie dazu! Das ist viel besser, als Gefühle zu unterdrücken und eventuell Magengeschwüre zu bekommen.

Aktiver Umgang mit Emotionen kann verschiedene Formen annehmen, die wir in den vorherigen Kapiteln bereits angesprochen haben. Deshalb hier die einprägsame Kurzform:
- Explodieren – kann passieren!
- Mitteilen – *mit* dem Gesprächspartner *teilen*
- Reflektieren – sich selbst betrachten

Wenn Sie aktiv mit Ihren Emotionen umgehen, macht Sie das authentisch und menschlich!

Machen Sie Beziehung zum Thema (A)

Es gibt mehrere Anlässe, die Beziehung zum Thema zu machen. Wenn ein Gespräch richtig schwierig geworden ist, stehen die Emotionen häufig eher im Vordergrund als der Gesprächsinhalt. Dann hat es kaum Sinn, den Gesprächsverlauf auf Biegen und Brechen auf das Sachthema beschränken zu wollen. Oder aber, Sie haben Ihre Gefühle reflektiert und beschlossen, dass es für Sie wichtig ist, diese anzusprechen. Dann legen Sie das Sachthema „auf Eis", bis die Beziehung geklärt ist.

Die eigene Sicht mit-teilen In diesem Fall ist „Mitteilen – *mit* dem Gesprächspartner *teilen*" in einer konstruktiv sachlichen Form zielführend. Sollten Sie oder Ihr Gegenüber vorher explodiert sein, räumen Sie ihm und sich Zeit ein, wieder ruhiger und gelassener zu werden, sich gegebenenfalls zu entschuldigen.

Wollen Sie die Beziehung thematisieren, gehen Sie in folgenden Schritten vor:
- Sie schildern zunächst die Situation (Wahrnehmung/Interpretation) und dann
- Ihre daraus entstandenen Emotionen.

Diese beiden Punkte dienen der Mit-teilung. Erst dadurch geben Sie Ihrem Gesprächspartner die Chance, Sie wirklich zu verstehen und nachzuvollziehen, was in Ihnen vorgeht.

„Die Menschen können nicht sagen,
wie sich eine Sache zugetragen, sondern nur,
wie sie meinen, dass sie sich zugetragen hätte."

GEORG CHRISTOPH LICHTENBERG

Dieses Zitat haben wir gewählt, um noch einmal herauszustellen, wie wichtig es ist, anzuerkennen, dass wir die Welt durch unsere Brille sehen. Bei der Schilderung der Situation kommt es deshalb darauf an, Unterstellungen zu vermeiden, Bewertungen zu unterlassen und sich stattdessen an beobachtete Fakten zu halten. Wenn Sie Ihre Interpretation mitteilen möchten, dann kennzeichnen Sie bitte deutlich, dass es sich um Ihre Auslegung handelt.

Im Anschluss an Ihre Schilderung von Situation und eigenen Emotionen sollten Sie den Gesprächspartner nach seiner Sichtweise, seiner Meinung, seinem Erleben fragen. Das heißt: Regen Sie an, dass er sich Ihnen mit-teilt.

Nach der Sicht des anderen fragen

In den meisten Fällen wird das ausreichen, um das Gespräch wieder in Gang zu bringen. Besteht die Gesprächsblockade weiterhin, ist die Beziehung offensichtlich noch nicht geklärt. Dann bietet es sich an, die möglichen Gründe dafür anhand dieses Buches noch einmal genauer zu prüfen. Darüber hinaus kann auch die direkte Frage: „Was liegt dir an mir?" oder: „Wie wichtig ist dir unsere Beziehung?" den anderen dazu bringen, Farbe zu bekennen. Auch, wenn die Kommunikationspartner übereinkommen, einander „unmöglich" zu finden, ist die Beziehung geklärt. Eine Zusammenarbeit kann funktionieren, wenn man ein gemeinsames Ziel hat.

Franz: *Oh nein! Da muss ich ja sofort an meine Ex-Frau denken. Die hat bei jeder Kleinigkeit diese „Wie wichtig bin ich dir eigentlich?"-Frage gestellt. Das hat mich total genervt.*

Emil: *Die hat das benutzt, um dir die Pistole auf die Brust zu setzen, oder?*

Franz: *Ja, genau. Ich fühlte mich immer total manipuliert.*

Emil: *Hat sie denn überhaupt vorher ihre Emotionen mitgeteilt?*

Franz: *Ja, klar, geheult und lamentiert hat sie!*

Emil: *Ich nehme mal an, dass sie dich nicht nach deiner Sicht der Dinge gefragt hat?*

Franz: *Stimmt. Und eigentlich hat sie auch gar nicht ihre Emotionen mitgeteilt, sondern mich angeklagt!*

Emil: *Und was würdest du heute in einer solchen Situation tun?*

Franz: *Na, das steht doch da oben: Ich würde sie bitten, mir ihre Wahrnehmung und ihre Gefühle mitzuteilen, und würde darauf achten, dass ich auch zu Wort komme.*

Emil: *Und vielleicht müsste man in dieser speziellen Situation hinterfragen, mit welcher Absicht die Beziehungsfrage gestellt wird.*

Franz: *Da pass ich beim nächsten Mal gut auf, ob die Frage wirklich der Beziehungsklärung dient oder zur Manipulation gedacht ist.*

Verabschieden Sie sich von „Richtig" und „Falsch" (I)

Was sind eigentlich Fehler? Einmal ganz davon abgesehen, dass es Rechtschreibregeln und Naturgesetze gibt – und selbst die darf man hinterfragen: Gibt es so etwas wie Richtig und Falsch?

Wenn Sie dieses Buch gelesen haben, müssten Sie diese Frage rein theoretisch mit „Nein" beantworten. Wenn Sie wider Erwarten „Ja" sagen, würden wir fragen, wie Sie zu dieser Antwort kommen. Vielleicht würden wir dann erkennen, dass wir an der einen oder anderen Stelle unklar formuliert haben? Oder Sie würden uns vielleicht eine Einsicht liefern, die wir bisher außer Acht gelassen haben? Und vielleicht wäre uns das dann peinlich? Aber vielleicht auch nicht, wir könnten ja dadurch zu einem weiteren Buch inspiriert werden. Wer weiß das schon?

Es gibt so viele Möglichkeiten, die Dinge so oder anders zu sehen. Jedenfalls erleichtert es unser Leben und unsere Kommunikation ganz erheblich, wenn wir uns von „Richtig" und „Falsch" verabschieden.

Ob wir Dinge so oder anders angehen, das hat Konsequenzen! Und wir allein bewerten, ob uns diese Konsequenzen angenehm sind oder ob wir unser Verhalten ändern, eine neue Entscheidung treffen oder unsere Einstellung ändern wollen.

Dazu passt die Geschichte von dem Bauern und dem Pferd, die uns beeindruckt hat. Die Quelle ist uns leider abhanden gekommen. Sie geht ungefähr so: **Glück oder Pech?**

Es war einmal ein Bauer, dem lief eines Tages ein Pferd zu. Da kamen die Nachbarn und meinten: „Du hast aber ein Glück, dass dir ein Pferd zugelaufen ist."
Der Bauer aber sagte: „Das weiß man noch nicht, ob das ein Glück ist."
Ein paar Tage später war das Pferd wieder weg.
Da kamen die Nachbarn und bedauerten den Bauern ob dieses Pechs. Der Bauer aber sagte: „Das weiß man noch nicht, ob das Pech ist."
Anscheinend hatte es dem Pferd gut gefallen bei dem Bauern, denn zwei Tage später kam es mit einer kleinen Herde zurück.
Die Nachbarn freuten sich über das große Glück des Bauern.
Der Bauer aber sagte: „Das weiß man noch nicht, ob das ein Glück ist."
Als der Sohn des Bauern eines der Pferde zureiten wollte, stürzte er und brach sich ein Bein.

Die Nachbarn kamen und lamentierten, dass das ein großes Unglück sei, weil der Bauer den Hof jetzt ganz allein bewirtschaften müsse.

Der Bauer aber sagte: „Das weiß man noch nicht, ob das Pech ist."

Als dann alle jungen Männer in den Krieg ziehen mussten, blieb der Sohn des Bauern verschont, weil ja sein Bein gebrochen war.

Und die Nachbarn des Bauern äußerten sich nicht mehr dazu, ob das nun Glück oder Pech sei.

Glück oder Pech, richtig oder falsch, gut oder schlecht, … Bewertungen machen uns das Leben schwer. Und so wie das Leben mehr als nur Schwarz und Weiß zu bieten hat, so hat auch jeder Gesprächspartner mehrere Facetten. Diese wahrzunehmen, ohne zu bewerten, ist ein wichtiger Schritt aus der Gesprächsblockade.

Freuen Sie sich auf neue Chancen

Hinterfragen Sie Ihre Einstellung zu Gesprächshindernissen, vor allem dann, wenn Sie mit jemandem zu tun haben, der in Ihren Augen „schwierig" oder „nervig" ist. Macht es Ihnen Freude, Neues zum Thema Kommunikation auszuprobieren, zu erfahren, wo es gehakt hat, oder finden Sie es anstrengend und mühsam? Sie mögen es nicht, wenn es Kommunikationsstörungen gibt? Schön und gut, aber machen Sie sich bitte klar, dass gerade das, was wir unbedingt loswerden wollen, mit großer Beharrlichkeit immer wiederkommt. Sehr viele Menschen möchten ohne Kommunikationsschwierigkeiten auskommen. Und das ist absolut verständlich. Wir finden es ebenfalls nicht immer angenehm, wenn Konflikte auftreten. Die Art und Weise, wie und vor allem wie erfolgreich wir damit umgehen, hängt im Wesentlichen von unserer Einstellung ab.

Die Chinesen verwenden zwei Pinselstriche, um das Wort „Krise" zu schreiben. Ein Strich (wei) steht für Gefahr, der andere (ji) für Gelegenheit. Die Gefahr zu erkennen, die in einer Krise steckt, fällt uns relativ leicht. Die Chance darin wahrzunehmen und diese auch zu nutzen, erfordert eine positive Ergänzung unserer bisherigen Sichtweise.

Stellen Sie sich doch bitte einmal vor, wie Sie dem nächsten Konflikt mit einer gewissen Freude begegnen. Es gibt zwei wirklich gute Gründe, das zu tun. Erstens gehen Sie entspannter mit dem Konflikt um, was eine konstruktive, effektive Lösung erheblich erleichtert. Zweitens können Sie deutlicher wahrnehmen, welche Chancen der Konflikt bietet: zum Beispiel die Vertiefung der Beziehung, das Kennenlernen einer ganz neuen Seite an sich oder am Gesprächspartner, neue kreative Win-Win-Lösungen, …

Glauben Sie an positive Lösungen! Betrachten Sie Ihren Gesprächspartner wohlwollend. Glauben Sie an seine positiven Absichten! Freuen Sie sich auf ein konstruktives, zielführendes Gespräch! Freuen Sie sich auf neue Chancen!

Bringen Sie sich selbst in eine gute Stimmung

„Es geschieht immer das, was Sie glauben;
und der Glaube an etwas bewirkt, dass es geschieht."

FRANK LLOYD WRIGHT

Literaturverzeichnis

Allport, Gordon W.: *The Nature of Prejudice.* Perseus Books Group, 1979

Bents, Richard / Blank, Reiner: *Typisch Mensch.* Belz Test GmbH, 1995

Birkenbihl, Vera F.: *Warum wir andere in die Pfanne hauen.* Junfermann Verlag, 2003

Block, J. R.: *Ich sehe was, was du nicht siehst. 250 optische Täuschungen und visuelle Illusionen.* Goldmann Verlag, 2006

Festinger, Leon / Irle, Martin / Möntmann, Volker: *Theorie der kognitiven Dissonanz.* Hans Huber, 1978

Foerster von, Heinz: *Das Konstruieren einer Wirklichkeit.* In: Paul Watzlawick (Hg.): *Die erfundene Wirklichkeit. Wie wissen wir; was wir zu wissen glauben? Beiträge zum Konstruktivismus.* Piper, 1986

Heider, F.: *The Psychology of interpersonal relation.* Wiley, 1958. Deutsch: *Psychologie der interpersonalen Beziehungen.* Klett, 1977

Herrmann, Ned: *Kreativität und Kompetenz. Das einmalige Gehirn.* Verlag Henrich, 1999

Jung, Carl Gustav.: *Typologie.* Deutscher Taschenbuch Verlag, 1990

Kellner, Hedwig: *Konflikte verstehen, verhindern lösen.* Hanser, 1999

Klein, Susanne: *Wenn die anderen das Problem sind.* GABAL Verlag, 2006

Langguth, Veronika: *So können wir uns gut verstehen.* Kösel Verlag, 1998

Matthews, Andrew: *Tu was dir am Herzen liegt.* VAK Verlag, 2005

Merton, Robert K.: *Social Theory and Social Structure* (p. 477). Free Press, 1968. Deutsch: *Soziologische Theorie und soziale Struktur.* S. 127–154. Gruyter, 1995

Ouchi, H.: *Japanese Optical and Geometrical Art.* New York: Dover, 1977

Raven, Bertram H. / Rubin, Jeffrey, Z.: *Social Psychology.* Wiley, 1983

Rayner, Keith / White, Sarah J. / Johnson, Rebecca L. / Liversedge, Simon P.: *Raeding Wrods With Jubmled Lettres: There Is a Cost.* Psychological Science. Volume 17, Number 3, pp. 192–193(2), Blackwell Publishing, 2006

Recknagel, Marion: *Überzeugen ohne zu argumentieren.* GABAL Verlag, 2005

Rodgers, Nigel: *Unglaubliche optische Illusionen.* Bechtermünz, 1999

Rosenberg, Marshall B.: *Gewaltfreie Kommunikation.* Junfermann Verlag, 2001

Rosenthal, Robert / Jacobson, Lenore: *Teachers' Expectancies: Determinants Of Pupils' IQ Gains.* Psychological Reports, 19, 115–118, 1966. Deutsch: *Pygmalion im Unterricht. Lehrererwartungen und Intelligenzentwicklungen der Schüler.* Beltz, 1976

Schulz von Thun, Friedemann: *Miteinander reden. Störungen und Klärungen.* Rowohlt Verlag, 1981

Seiwert, Lothar J. / Gay, Friedbert: *Das 1x1 der Persönlichkeit.* GABAL Verlag, 1996

Simons, D. J. / Chabris, C.F.: Gorillas in our midst: *Sustained inattentional blindness for dynamic events.* Perception, 28, 1059–1074, 1999

Tajfel, H. / Turner, J. C.: A*n integrative theory of intergroup conflict.* In: Austin, W.G. and Worchel, S. (eds.): *The social psychology of intergroup relations.* Brooks/Cole, 1979

Thurston, J. / Carraher, R. J.: *Optical illusions and the visual arts.* 1966 Litton Educational Publishing, Inc. Reprinted by permission of Van Nostrand Reinhold Company

Watzlawick, Paul: *Vom Unsinn des Sinns oder vom Sinn des Unsinns.* Piper Verlag, 2001

Watzlawick, Paul: *Wie wirklich ist die Wirklichkeit? Wahn – Täuschung – Verstehen.* Piper Verlag, 1978

Weisbach, Christian Rainer: *Professionelle Gesprächsführung.* Deutscher Taschenbuch Verlag, 2001

Zimbardo, Philip G.: *Psychologie.* Springer Verlag, 1988

Stichwortverzeichnis

Über die Autorinnen

Marion Recknagel ist Diplom-Kauffrau und war mehrere Jahre im Personalwesen tätig. Seit 1995 arbeitet sie als selbstständige Trainerin und Beraterin mit den Schwerpunkten Mitarbeiterführung und Kommunikation. Die Weiterbildung zur Wirtschaftsmediatorin vertiefte ihr Interesse für das Thema erfolgreiche Gesprächsführung. Ihr erstes Buch *Überzeugen ohne zu argumentieren* ist 2005 im GABAL Verlag erschienen. Gemeinsam mit Ulrich Thöne ist sie Koordinatorin von *KiTT Kompetenz im Trainerteam* (www.kitt.biz). Ihr Ziel ist es, Katalysator für den beruflichen und persönlichen Erfolg ihrer Kunden zu sein.

Dipl.-Psychologin **Heike Rohmann-van Wüllen** arbeitet seit 1990 als Beraterin, Trainerin und Coach in den Bereichen Human Resources und Organisation. Mit ihrer Beratungsfirma *Düsseldorfer systemische Lösung* (www.systemische-loesung.de) und als Partnerin der *H2Q-consulting-group* (www. h2q-consulting-group.de) beschäftigt sie sich vor allem mit Persönlichkeitsentwicklung, Führung und Kommunikation sowie Team- und Konfliktmanagement. Ihrem systemdynamischen und lösungsorientierten Beratungsansatz ist es wichtig, Menschen und Organisationen dabei zu unterstützen, ihre individuellen Potenziale zu erkennen und sie verantwortungsbewusst zu nutzen.

 **Business-Bücher für Erfolg und Karriere**